COURS COMPLET

DE

MORALE

à l'usage des Elèves des Cours moyens, supérieurs et complémentaires des Ecoles primaires élémentaires et des Elèves des Ecoles primaires supérieures

PAR

ELZÉAR MÉRITAN

DIRECTEUR D'ÉCOLE

à MÉNERBES (Vaucluse)

Ouvrage dédié à M. Gabriel Compayré

Recteur de l'Académie de Lyon

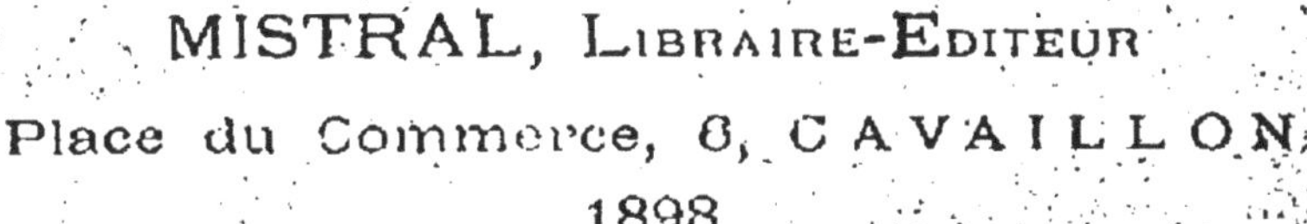

MISTRAL, Libraire-Editeur

Place du Commerce, 6, CAVAILLON

1898

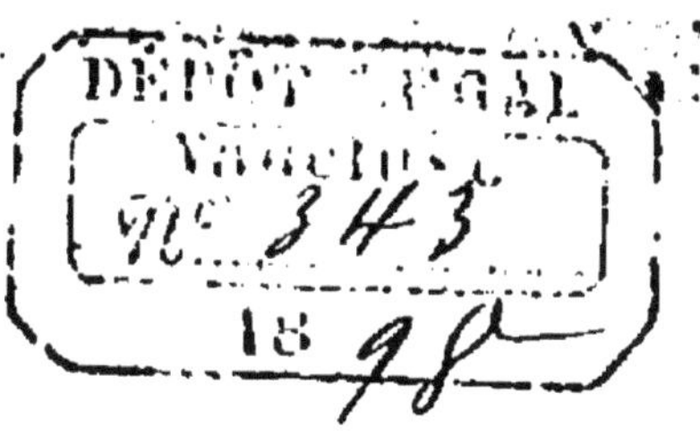

COURS COMPLET

de

MORALE

COURS COMPLET
DE
MORALE

à l'usage des Elèves des Cours moyens, supérieurs et complémentaires des Ecoles primaires élémentaires et des Elèves des Ecoles primaires supérieures

PAR
ELZÉAR MÉRITAN
DIRECTEUR D'ÉCOLE
à MÉNERBES (Vaucluse)

Ouvrage dédié à M. Gabriel Compayré
Recteur de l'Académie de Lyon

MISTRAL, Libraire-Editeur
Place du Commerce, 6, CAVAILLON
1898

AVANT-PROPOS

A mes Collègues Institutrices et Instituteurs.

Depuis que le mot d'ordre parti de haut nous a mis dans l'obligation de consacrer beaucoup plus de soins à l'enseignement de la morale, un grand nombre de livres scolaires ont été composés sur ce sujet. La plupart de ces ouvrages écrits par des Professeurs ou des Inspecteurs distingués, sont très bien faits. En publiant le mien, aujourd'hui, je n'ai pas la prétention d'avoir fait mieux que ces Maîtres en la matière ; j'ai simplement celle d'avoir procédé autrement.

Sans m'écarter du programme officiel, j'ai voulu, en outre, que mon cours de morale, (sorte d'évangile laïque) eût sa place à la maison comme à l'école. Les cent soixante-deux résumés qu'il contient s'adaptent pour ainsi dire à toutes les circonstances de la vie, comme aux situations particulières de chacun.

A l'école, ils pourront faire l'objet de quatre leçons par semaine, c'est-à-dire une par jour, un jour étant réservé pour la révision de ces leçons.

Ces résumés ne sont suivis d'aucune lecture ni poésie qui abondent dans les ouvrages similaires. M'objectera-t-on, au sujet de mon innovation, que la morale n'est rendue intelligible aux tout petits enfants que par son application immédiate à un exemple préalablement choisi et qu'il leur faut de la morale vécue et non des préceptes arides? J'en conviens. Mais aussi, je tiens à dire tout de suite, que je n'ai pas écrit cet ouvrage pour les élèves du cours élémentaire qui n'ont nullement besoin d'un livre, si élémentaire qu'il soit. Un conte inventé au besoin par le maître ou la maîtresse mettant en relief une bonne pensée morale sous forme de précepte: voilà ce qui convient à des enfants de cet âge, ou bien encore, lorsque les circonstances s'y prêtent, c'est de tirer la morale du jour des incidents de la vie scolaire, d'une bonne action ou d'une faute dont un élève de l'école a été l'auteur.

J'ai voulu faire un livre spécial de morale,

débarrassé de récits ou anecdotes s'y rapportant, et cela, pour plusieurs raisons :

En premier lieu, parce que nos élèves sont généralement effrayés par les livres de classe trop volumineux bien qu'ils n'aient à réciter ordinairement que les résumés. Et puis, intercale-t-on dans un livre d'histoire, par exemple, les mêmes faits historiques racontés par d'autres auteurs? L'on me répondra, sans doute, que les lectures et les poésies mises à la suite de chaque leçon de morale ont été placées là tout exprès pour compléter ces leçons ou les expliquer. Je leur préfère de beaucoup les explications du maître ou de la maîtresse, bien que faites dans un langage moins académique. Inutile d'en donner le pourquoi à des pédagogues de profession.

Il existe encore quelques esprits prévenus contre l'enseignement de la morale qui s'obstinent à lui refuser l'honneur d'un enseignement spécial, sous prétexte que la morale s'adresse au cœur plutôt qu'à l'esprit. Ce raisonnement est, je crois, spécieux. Prenons quelques exemples entre mille.

Nous apprenons à nos élèves, que non seulement il ne nous est pas permis de faire du mal à nos ennemis, mais que nous devons même leur faire du bien. Voyons, est-ce dans son cœur que l'enfant trouvera cet enseignement? car chez lui, l'instinct animal n'ayant pas été modifié par l'éducation le porte naturellement à appliquer à tous ses ennemis la peine du talion : œil pour œil, dent pour dent *ou, plus simplement : Tu me fais du mal je te le rends..... Est-ce que l'enfant saura également sans qu'on le lui apprenne qu'il doit faire le bien, même lorsqu'il est en contradiction avec son intérêt ; ou qu'il ne doit pas hésiter à sacrifier sa vie pour sa patrie, comme pour sauver celle de son prochain, si besoin est, et que son prochain n'est pas moins le mendiant qui tend la main, couvert de haillons, que le plus riche propriétaire de son village? Allons donc, ces choses là ont besoin d'être enseignées et apprises comme l'on enseigne et fait apprendre l'histoire, la géographie, l'arithmétique, etc. Donc la morale, quoique s'adressant au cœur plutôt qu'à l'esprit, doit avoir ses traités spéciaux, son enseignement à part et sa méthode propre.*

Ceci démontré, il ne me reste plus qu'à justifier la raison d'être de mon procédé d'enseignement.

Respectueux observateur des instructions reçues, j'avais fait d'abord le plan de chaque leçon, ensuite, le résumé de chacune pour être appris littéralement. Mais dans un livre spécialement destiné aux élèves, j'ai jugé inutile de laisser subsister des plans qui ne devaient servir qu'au maître pour exposer ses leçons. Quant à mes résumés, ils n'étaient pas toujours hélas! ceux des leçons auxquelles je les rattachais. Et sans doute plus d'un de mes collègues a dû faire la même constatation! Or, puisque de l'aveu de professeurs de talent, le résumé exact d'une leçon est très difficile à élaborer, pourquoi ne pas esquiver alors cette difficulté, en mettant en pratique l'excellent conseil que m'a donné un de nos Inspecteurs primaires les plus distingués. De faire du résumé le plan de la leçon, en remplaçant tout simplement le nom de résumé par celui de sommaire. *Point de crainte maintenant que ce soi-disant résumé ne soit pas exactement celui de la leçon qui en découle. Impossible aussi de s'égarer, quand on a sous les yeux, écrit au tableau noir ou dans un livre, une sorte de plan qui contient toutes les idées formant le fonds de la leçon. Quelques instants de préparation suffiront à n'importe quel maître ou maîtresse pour compléter ces idées, ayant reçu d'ailleurs un certain développement, afin de faire à leurs élèves une leçon excellente.*

Les directions, à ce sujet, me paraissent inutiles, ou plutôt inopportunes, tant je tiens à respecter l'initiative de chacun. Et puis, grâce à l'instruction que reçoivent nos maîtres actuels, l'Instituteur de nos jours est capable de commenter un texte. Il n'est plus ce maître d'école ignorant *dont se moque Musset ; si toutefois les Instituteurs de son temps étaient des ignorants, proportion gardée du chemin fait depuis par l'enseignement primaire.*

Ces résumés conviennent parfaitement aux élèves des cours supérieurs et complémentaires de nos écoles primaires élémentaires, ainsi qu'aux élèves des écoles primaires supérieures. Pour ce qui concerne les élèves du cours moyen, il suffira qu'ils répondent, à peu près convenablement, aux questionnaires placés au bas de chaque page, qui, après chaque leçon du maître, pourront être utilisés, si l'on veut, comme plan de rédaction.

J'ai fait pendant trois ans l'expérience de mon cours de morale avant de penser à le faire éditer, et j'en ai obtenu de bons résultats. C'est ce qui m'a suggéré l'idée d'en faire bénéficier ceux de mes collègues qui jugeront à propos de l'adopter, après l'avoir examiné.

Et si mes modestes efforts ont pour consé-

quence de simplifier tant soit peu la tâche des maîtres, de donner un bon conseil aux adultes qui consulteront mon livre et de contribuer à faire de nos chers élèves de braves gens, de bons citoyens et des mères de famille vertueuses, avouez, chers Collègues, que mon labeur sera trop payé, si j'ajoute à tout cela la satisfaction d'avoir semé le bien et fait apprécier à leur juste valeur nos jeunes écoles républicaines.

ELZÉAR MÉRITAN.

CHAPITRE PREMIER

LES PRINCIPES

PREMIÈRE LEÇON

La Morale. — Son Objet.

La Morale est la *Science du Devoir*.

De même que la Logique dirige l'intelligence vers le Vrai, la Morale dirige la volonté vers le Bien. Son utilité ressort de son objet. S'il est important de savoir bien penser, il vaut encore mieux savoir bien se conduire.

La Conscience est insuffisante pour nous éclairer sur tous nos devoirs, elle ne nous montre que les premières vérités morales; il faut que nous apprenions les obligations qui en découlent, car si les notions morales existent chez tous les peuples, au moins dans ce qu'elles ont de fondamental, c'est à l'Education de les développer.

La Morale peut être enseignée de différentes manières, mais elle repose sur les mêmes principes généraux, auxquels tout individu est obligé de se conformer scrupuleusement s'il tient à mériter le beau titre *d'honnête homme.*

QUESTIONNAIRE

1. Qu'est-ce que la Morale ?
2. Faites connaître son objet ?
3. La Conscience est-elle suffisante pour nous éclairer sur tous nos devoirs ?
4. A quelle condition peut-on se dire *honnête homme ?*

DEUXIÈME LEÇON

La Morale. — Son Importance.

La Morale est la sauvegarde des bonnes mœurs et le soutien des sociétés *Elle est à la nature humaine ce que l'agriculture est à la terre.* Elle est, en outre, immuable, universelle, égale pour tous et dirige tous nos actes libres.

Elle est immuable, vu que ses principes ne peuvent être modifiés. Elle est universelle et égale pour tous, puisque les obligations qu'elle impose sont les mêmes pour tous les hommes, à quelque nation qu'ils appartiennent. Enfin, elle dirige tous nos actes libres, parce qu'elle préside à toutes nos actions. Si la Morale cessait d'être enseignée et pratiquée sur la terre, ce serait la fin de toute société.

La Morale n'est pas seulement la science de la Vertu, elle est aussi la science du Bonheur. Les idées fondamentales de la Morale sont : la dignité humaine, le devoir, la liberté et la responsabilité.

QUESTIONNAIRE

1. Parlez de l'importance de la Morale ?
2. Prouvez qu'elle est immuable, universelle, égale pour tous et qu'elle dirige tous nos actes libres ?
3. Qu'arriverait-il si la Morale n'était plus enseignée ni pratiquée sur la terre ?
4. Quelles sont les idées fondamentales de la Morale ?

TROISIÈME LEÇON

La Dignité humaine.

L'homme est une personne morale, c'est-à-dire, doué de raison, libre de faire le bien et responsable de ses actes.

Si, par son corps, il se rapproche des animaux, il leur est supérieur par son âme qui doit lui inspirer le sentiment de sa dignité. Tous nos actes doivent porter l'empreinte de cette dignité.

La suite ininterrompue d'actions approuvées par notre conscience et par autrui fait naître en nous un autre sentiment : le respect de nous-mêmes, sorte de religion qui, en nous obligeant à conformer notre conduite présente à notre conduite passée, prévient nos défaillances et nous préserve des chutes.

QUESTIONNAIRE

1. Donnez une définition de ce que c'est que l'homme ?
2. Par quoi se distingue-t-il des animaux ?
3. De quelle empreinte ses actes doivent-ils porter la marque ?
4. Qu'est-ce qui donne naissance au respect de soi-même ?
5. De quelle manière peut-on définir ce sentiment ?

QUATRIÈME LEÇON

Le Devoir.

Le mot *Devoir* porte en lui sa définition. Il signifie : Faire ce que l'on doit en toutes circonstances sans se préoccuper de ce qui adviendra. Le devoir est donc, par ce fait, l'obligation absolue d'obéir à la Morale.

Mais l'accomplissement du devoir n'a réellement de prix que s'il est désintéressé, sinon il n'est plus qu'un calcul suggéré par notre égoïsme. C'est surtout quand il est incompatible avec nos sentiments ou nos intérêts que nous nous montrons magnanimes en l'accomplissant.

A part différents degrés dans le devoir, qui

va des actions simplement justes aux actions héroïques, avec les actions charitables et généreuses comme intermédiaires, nous pouvons être assurés d'avoir fait le nôtre, si l'acte dont nous sommes l'auteur, reçoit l'approbation de notre conscience.

QUESTIONNAIRE

1. Quelle est la signification du mot *Devoir ?*
2. A quelle condition a-t-il réellement de prix ?
3. Dans quel cas atteint-il son maximum de valeur morale ?
4. N'y a-t-il pas des degrés dans le Devoir ?
5. Quand sommes-nous assurés d'avoir fait le nôtre ?

CINQUIÈME LEÇON

La Liberté et la Responsabilité.

La liberté morale, ou libre arbitre, est la faculté que nous avons de choisir entre le bien et le mal. Nous n'avons qu'à consulter notre conscience pour nous sentir libres, comme nous nous sentons raisonnables. Du sentiment de notre liberté et de la connaissance de nos devoirs dérive notre responsabilité.

Nous nous sentons responsables, car nous éprouvons du plaisir après avoir bien agi et du remords après avoir mal fait. La responsabilité d'autrui n'est pas moins admise ; témoin notre aversion pour les criminels et notre admiration pour les nobles victimes du devoir.

Nous ne pouvons rejeter nos fautes sur l'entraînement de nos passions, ni sur la puissance de nos habitudes, puisque la raison et la volonté nous ont été données pour maîtriser les unes et nous débarrasser des autres.

C'est dans cette lutte contre nous-mêmes que consiste la moralité de la vie humaine.

QUESTIONNAIRE

1. Qu'entend-on par liberté morale ou libre arbitre ?
2. Sommes-nous libres d'agir comme il nous plaît ?
3. De quel sentiment dérive notre responsabilité ?
4. Donnez des preuves de cette responsabilité ?
5. Y a-t-il quelque chose qui puisse atténuer nos fautes ?
6. En quoi consiste la moralité de la vie humaine ?

SIXIÈME LEÇON

La Conscience morale et le Sentiment moral.

La raison appliquée au discernement du bien et du mal prend le nom de *Conscience morale*, ou simplement *Conscience.* Ainsi, la Conscience n'est pas seulement cette espèce de sens intérieur par lequel nous percevons notre existence et nos actes, mais encore la raison elle-même qui les qualifie et les juge.

Le discernement du bien et du mal est le résultat de la comparaison de nos actions avec l'idée fondamentale du bien absolu. Guidés par le sentiment moral, c'est-à-dire par l'impression pénible ou agréable que nous font éprouver certains actes, nous jugeons bonne toute action conforme à ce type et mauvaise, ou très mauvaise, celle qui s'en éloigne davantage.

La Conscience est la lumière qui éclaire le monde moral. Elle intervient dans toutes nos actions, les approuve ou les blâme. Elle supplée à l'absence des autorités extérieures en nous empêchant de faire le mal et, si nous lui désobéissons, elle nous punit en nous infligeant le sentiment du remords.

Ce qui fait le bonheur de l'honnête homme, c'est d'être en paix avec sa conscience !

QUESTIONNAIRE

1. Qu'entend-on par *Conscience morale* ou simplement Conscience ?
2. Comment discernons-nous le bien du mal ?
3. Que savez-vous du sentiment moral ?
4. Quel est le rôle de la Conscience dans le monde moral ?
5. Qu'est-ce qui fait le bonheur de l'honnête homme ?

SEPTIÈME LEÇON

Le Bien.

Le Bien est, d'après Cicéron, *ce que la raison prescrit à la volonté*. Ainsi, la notion du bien est universelle, puisqu'elle est inscrite dans le cœur de tout homme dont le sens moral n'est pas perverti.

Nous pouvons être certains d'avoir fait le bien toutes les fois que nous conformons nos actions à nos fins, à notre destinée.

Nous devons faire le bien pour le bien lui-même, sans en attendre d'autre récompense que la satisfaction intérieure d'avoir bien agi ; car l'estime des autres hommes résultant de nos bonnes actions et la jouissance d'une bonne santé, en tant que conséquence d'une vie sobre et tempérante, sont des sanctions naturelles du bien sur lesquelles il vaut mieux ne pas compter, afin de ne pas nous décourager lorsqu'elles nous font défaut.

Le Bien ne se trouve, d'ordinaire, ni dans la satisfaction de nos instincts ou de nos passions, ni dans la réalisation de nos calculs d'intérêt, puisque les actes réputés les meilleurs sont précisément ceux qui exigent de leurs auteurs les plus grands sacrifices.

Quant au bien que l'on fait en vue d'obtenir une récompense, ce n'est qu'une avance de fonds, une sorte de prêt avec usure. Il n'a moralement aucune valeur.

L'homme, né libre et capable de discerner le bien du mal, ne doit faire que le bien.

QUESTIONNAIRE

1. Citez la définition du Bien donnée par Cicéron?
2. Quand sommes-nous certains d'avoir fait le bien?
3. Dans quelle intention devons-nous le faire?
4. Quelle est la valeur morale du bien que l'on fait dans le but d'obtenir une récompense?
5. Pourquoi l'homme ne doit-il faire que le bien?

HUITIÈME LEÇON

Le Mal. — Son Utilité.

Le Mal est physique ou moral, et s'il est vrai que le mal physique n'est que la privation du bien, cela importe peu. Dans tous les cas, si la cause est négative, ses effets sont positifs ; il est donc tout naturel que nous le combattions de notre mieux, sans en contester toutefois l'utilité.

En effet, la souffrance, née du mal, est le lien qui unit les hommes et l'origine de la charité, *en les forçant à s'aimer, elle en fait des frères*. Elle nous fournit le moyen de nous perfectionner par l'épreuve et nous fait apercevoir nos besoins et nos fautes. Exemple : la faim, le sommeil, le remords. C'est aussi l'aiguillon qui nous excite au progrès.

Quant au mal moral, il a sa source dans l'imperfection de notre intelligence ou dans celle de notre volonté. Nous lui devons deux grands biens : le libre arbitre et la vertu. Enfin, le mal sous toutes ses formes nous fait apprécier le bien et nous dispose à mourir avec moins de regrets.

QUESTIONNAIRE

1. De combien de manières se manifeste le Mal ?
2. Quelle est la définition qu'en donnent les philosophes ?
3. Ne devons-nous pas le combattre ?
4. Donnez des preuves de son utilité ?
5. Où est la source du mal moral et quels biens lui devons-nous ?

NEUVIÈME LEÇON

La Vertu.

Sanctions de la loi morale.

La Vertu est la pratique habituelle de la loi morale, et, d'après Kant, *une conquête de la volonté sur la nature*. Elle comporte, par conséquent, la persévérance dans le bien que rend possible la pureté du cœur. Ainsi, les personnes qui, après avoir lutté péniblement contre leurs mauvais penchants ou leurs passions, parviennent à rester vertueuses au prix de moins d'efforts, ont autant de mérite que les premiers jours où la lutte était plus vive.

Bien que la Vertu, sans autre récompense que le plaisir d'avoir fait le bien, soit assurément le meilleur moyen d'être heureux sur la terre, cette sanction naturelle, concentrée dans les limites de la conscience, serait souvent insuffisante. Nous associons naturellement l'idée du bonheur à celle du bien moral et nous remarquons cependant que la vertu ne reçoit pas toujours ici-bas la récompense qu'elle mérite; ce qui nous prouve que Dieu a attaché une sanction spéciale à la loi dont il a mis les principes dans nos âmes. Cette dernière sanction est la conséquence nécessaire de sa justice. Donc, pratiquons la vertu pour la vertu elle-même; mais soyons convaincus qu'elle recevra, autre part, sa juste récompense.

QUESTIONNAIRE

1. Qu'est-ce que la Morale ?
2. De quelle qualité doit-elle être accompagnée ?
3. Que pensez-vous des gens qui ne sont devenus vertueux qu'à force de lutter contre eux-mêmes ?
4. Quel est le meilleur moyen d'être heureux sur la terre ?
5. Est-ce que le plaisir d'avoir fait le bien est pour la vertu une sanction suffisante ?
6. Que pouvons-nous espérer si nous sommes réellement vertueux ?

CHAPITRE II

DEVOIRS DE FAMILLE

DIXIÈME LEÇON

Définition de la Famille.

La Famille est une réunion d'individus composée du père, de la mère et des enfants, vivant sous le même toit et de la même vie, s'aimant les uns les autres d'une sincère affection ; heureux ou malheureux ensemble du bonheur ou du malheur qui leur arrive en commun ou en particulier, et toujours prêts à se dévouer les uns pour les autres.

Une Famille, enfin, ce sont plusieurs êtres qui n'ont, entre eux réunis, qu'un seul et même cœur. La Famille est, en outre, pour l'enfant, la première école où il apprend la pratique de ses devoirs.

QUESTIONNAIRE

1. Citez la définition de la Famille ?
2. Y a-t-il un acte de dévouement dont soient incapables ceux qui se font une idée exacte de la famille ?
3. La Famille n'est-elle pas encore autre chose pour l'enfant ?

ONZIÈME LEÇON

Composition de la Famille.

Dans une Famille complète, il y a deux groupes de personnes : d'abord, le père et la mère ; ensuite, les enfants. Mais la Famille n'existe réellement que si les différentes personnes qui la composent s'aiment et s'entr'aident, et cela, durant toute leur vie.

Les enfants d'un même père et d'une même mère, bien que vivant séparés, doivent toujours se considérer comme les branches d'un seul arbre reliées ensemble au même tronc. Il n'est pas au monde de spectacle plus beau qu'une famille nombreuse et bien unie, que tout bon patriote doit avoir à cœur de fonder, pour son propre compte, dès qu'il a satisfait à la loi militaire.

QUESTIONNAIRE

1. Quelles sont les différentes personnes qui composent une Famille complète ?
2. A quelle condition la Famille existe-t-elle réellement ?
3. Comment doivent se considérer les enfants d'un même père et d'une même mère ?
4. Quel est le plus beau spectacle qu'on puisse concevoir ?
5. Quel est le devoir de tout bon patriote ?

DOUZIÈME LEÇON

Le Mariage.
Devoirs respectifs des Époux.

Le Mariage est une institution établie en vue de perpétuer la famille et de conserver les bonnes mœurs. C'est aussi l'acte le plus grave de la vie. Dans le choix d'une compagne, il faut placer l'honnêteté de la famille au-dessus des questions d'intérêt. Les époux, dit le Code Civil, *se doivent mutuellement fidélité, secours et assistance.* Ils ont également pour mission de bien élever leurs enfants et, pour obtenir ce résultat, ils ne doivent leur donner que de bons exemples, ne jamais se contredire dans les ordres qu'ils leur donnent, ni les gâter outre mesure ; car gâter les enfants, ce n'est pas les aimer, c'est en faire, le plus souvent, de mauvais fils.

Point n'est besoin de les battre non plus, il vaut mieux faire appel à leurs bons sentiments.

L'homme qui dépense follement l'argent de la maison est un misérable, et celui qui bat sa femme est un lâche : *Heureux l'homme dont le plus grand bonheur est de vivre avec les siens !*

QUESTIONNAIRE

1. Qu'est-ce que le Mariage ?

2. Que doit-on considérer, au premier lieu, dans le choix d'une compagne ?
3. Citez les devoirs respectifs des époux, définis par le Code ?
4. Quelle est la mission des parents à l'égard de leurs enfants ?
5. Comment doivent-ils agir pour les bien élever ?
6. Que pensez-vous de l'homme qui gaspille l'argent de la maison et de celui qui bat sa femme ?

TREIZIÈME LEÇON

Devoirs spéciaux de la Femme.

Si l'Homme a pour obligations d'assurer, par son travail, la subsistance de sa famille, d'aimer, de protéger les siens et de faire sentir son influence sur les enfants quand celle de la mère est insuffisante, la Femme, de son côté, n'a pas des devoirs moindres à remplir : Elle doit être l'ornement du ménage, la joie et l'orgueil du mari et, jusqu'au jour de la séparation inévitable, sa compagne fidèle dans la bonne et dans la mauvaise fortune; toujours douce et prévenante pour lui, afin qu'il n'ait aucune raison de déserter le foyer. Pour ses enfants, elle sera tendre, juste, dévouée et bonne sans faiblesse, si elle veut avoir assez d'autorité sur eux pour les diriger et les maintenir dans le droit chemin.

C'est à elle qu'incombe le soin de régler les

petites dépenses du ménage, de faire régner l'ordre dans la maison, de laver et de réparer le linge de tout son monde. Malgré ces obligations multiples, elle peut encore exécuter certains travaux rétribués, si le travail du mari n'est pas assez rémunérateur; mais il serait bon que ces travaux ne l'obligent pas à quitter son chez soi, car la journée d'une femme se réduit à peu de chose, si l'on tient compte de ce qu'elle perd en travaillant hors de sa demeure.

QUESTIONNAIRE

1. Quelle est la mission du Père dans la famille ?
2. Quels sont les principaux devoirs de la Femme à l'égard de son mari ?
3. Quels sont ses devoirs envers ses enfants ?
4. Quels sont ses devoirs d'intérieur ?
5. Dans quel cas une Femme peut-elle exécuter des travaux rétribués ?

QUATORZIÈME LEÇON

L'Honneur familial.

Gardez-vous bien d'entacher, en aucune façon, l'Honneur familial que vos parents vous ont transmis. C'est l'héritage le plus précieux qu'ils aient pu vous léguer et que vous devez conserver intact, à tout prix.

Etre le descendant de dix générations d'hommes d'honneur dont la mémoire est en vénération, est le plus beau et le plus enviable des titres de noblesse.

Il n'est pas de bonheur plus grand pour l'honnête homme arrivé au terme de sa carrière que de pouvoir dire à ses enfants réunis autour de lui : Je ne vous laisse pas bien riches, c'est vrai, mais du moins, vous pouvez marcher le front haut !

QUESTIONNAIRE

1. Quel est l'héritage le plus précieux que les parents puissent léguer à leurs enfants ?
2. Quel est le plus beau et le plus enviable des titres de noblesse ?
3. Qu'est-ce qui fait le bonheur d'un père arrivé au terme de sa carrière ?

Devoirs des Enfants envers leurs Parents.

QUINZIÈME LEÇON

Amour qui leur est dû

Les Enfants doivent aimer leurs parents comme leurs parents les aiment, c'est-à-dire d'un amour infini. Un devoir si doux et si facile n'est pas même un devoir ; c'est un besoin du cœur qu'on satisfait en l'accomplissant. Par conséquent, l'amour filial ne se commande pas, tant il est naturel ; il naît de lui-même dans les cœurs honnêtes.

Tout Enfant qui aime tendrement ses parents, acquitte une partie de la dette qu'il a contractée envers eux depuis le jour de sa naissance et qu'il doit considérer, toute sa vie, comme une obligation sacrée.

QUESTIONNAIRE

1. Comment doit être l'Amour des enfants pour leurs parents ?
2. Est-ce un devoir pénible pour les enfants que d'aimer leurs parents ?
3. Est-il nécessaire de leur imposer ce devoir ?
4. En dehors de l'affection naturelle des enfants pour leurs parents n'y a-t-il pas un autre sentiment qui devrait la leur inspirer ?

Devoirs des Enfants envers leurs Parents.

SEIZIÈME LEÇON

Respect.

Le Respect des enfants pour leurs parents n'est plus inspiré, de nos jours, par la crainte, comme cela avait lieu dans un temps où les pouvoirs des parents sur leurs enfants étaient pour ainsi dire illimités. Ce respect n'est plus actuellement que la conséquence de leur amour pour les auteurs de leurs jours. Il doit se manifester par une déférence de tous les instants.

Un enfant respectueux ne traite jamais ses parents avec trop de familiarité, étant donnés leur expérience et leurs bienfaits. Il écoute attentivement leurs avis, quel que soit son âge, et ne se plaint jamais de leurs exigences, si nombreuses qu'elles lui paraissent ; car, s'il n'est encore qu'un enfant surtout, il n'a pas assez de raison pour comprendre si ce qui lui parait un ordre trop sévère ne lui a pas été prescrit exclusivement en vue de son intérêt.

QUESTIONNAIRE

1. De quel sentiment dérive actuellement le Respect des enfants pour leurs parents ?
2. Comment se manifeste-t-il ?
3. De quelle manière un enfant respectueux doit-il traiter ses parents ?
4. Quels sont les égards qu'il doit avoir pour eux ?
5. Pourquoi doit-il s'empresser d'exécuter leurs volontés ?

Devoirs des Enfants envers leurs Parents.

DIX-SEPTIÈME LEÇON

Obéissance.

Pour des enfants de l'âge du vôtre, jeunes écoliers, l'Obéissance filiale doit être absolue. Elle n'admet ni raisonnement ni réplique. Vous devez obéir, parce que ce sont vos parents qui vous commandent et que leur obéir doit être une joie pour vous, comme c'est, en réalité, le plus sûr moyen de leur prouver votre affection. Votre intérêt aussi vous commande l'obéissance ; car si vos parents n'agissaient pas pour vous, vous ne pourriez pas subsister. Vous avez besoin d'être dirigés et soutenus jusqu'à ce qu'ayant toute votre raison, vous soyez devenus des personnes capables d'accepter la responsabilité de vos actes.

L'enfant qui n'obéit pas à ses parents se prive de ses guides naturels : c'est comme s'il se rendait volontairement orphelin.

Enfin, la loi morale et la loi civile rendent l'Obéissance obligatoire.

QUESTIONNAIRE

1. A quel genre d'Obéissance êtes-vous tenus envers vos parents ?
2. Pourquoi devez-vous leur obéir ?
3. Si vous n'étiez pas obligés d'obéir à vos parents n'y a-t-il pas quelque chose qui devrait vous en faire une obligation ?
4. Comment jugez-vous la conduite d'un enfant qui n'obéit pas à ses parents ?
5. Qu'est-ce qui rend cette obéissance obligatoire ?

Devoirs des Enfants envers leurs Parents.

DIX-HUITIÈME LEÇON

Reconnaissance et Assistance.

Rien ne doit être capable d'altérer le sentiment de gratitude des enfants pour leurs parents qui n'ont cessé un seul instant de les combler de leurs bienfaits et qui ont versé parfois tant de larmes à cause d'eux.

Par son amour, son obéissance, son respect et ses caresses, un enfant acquitte déjà une partie de la dette de Reconnaissance qu'il a contractée envers les auteurs de ses jours. Mais cela ne suffit pas. Il doit les aider dans leurs travaux, autant que ses forces le lui permettent, les consoler de leurs peines, les soigner lorsqu'ils sont malades, comme il a été consolé et soigné par eux quand il était petit, et plus tard, leur venir en aide dans leurs vieux jours ; en un mot, se dévouer pour eux toutes les fois qu'il en a l'occasion.

QUESTIONNAIRE

1. Y a-t-il quelque chose qui puisse altérer le sentiment de gratitude des enfants pour leurs parents ?
2. Par quels moyens un enfant peut-il acquitter une partie de la dette qu'il a contractée envers eux ?
3. Que doit-il faire encore pour remplir, à leur égard, tous ses devoirs de reconnaissance ?

DIX-NEUVIÈME LEÇON

Le Dévouement filial

En échange de tout le bien que vous recevez

de vos parents et de cet amour dont ils vous donnent des preuves à chaque instant n'est-il pas juste que vous les aimiez de tout votre cœur, que vous leur confiiez jusqu'à vos plus secrètes pensées et que vous préveniez leurs moindres désirs ? Heureusement, les choses se passent de la sorte le plus souvent, car si l'on voit, pour ainsi dire, tous les parents se dévouer pour leurs enfants, l'on voit aussi un grand nombre d'enfants ne pas hésiter à faire le sacrifice de leur vie pour sauver celle de leurs parents quand ils la croient en péril.

QUESTIONNAIRE

1. Qu'entend-on par dévouement filial ?
2. Quelles sont les marques d'affection et de confiance que vous devez à vos parents en échange du bien que vous avez reçu d'eux ?
3. De quelle manière comprenez-vous le dévouement filial ?

VINGTIÈME LEÇON

Ce qu'on entend par « Puissance paternelle. »

Quand les enfants oublient leurs devoirs envers leurs parents jusqu'à leur refuser l'affection, l'obéissance et le respect qui leur sont dus, un père et une mère peuvent, en vertu de la loi qui a consacré leur autorité paternelle, les faire enfermer dans une maison de correction jusqu'à leur majorité, ou bien encore, les faire emprisonner pendant un mois, s'ils n'ont pas seize ans révolus, et même pour une durée de six mois, tant qu'ils ne sont pas majeurs ou émancipés. Mais, dans ce dernier cas, la volonté des parents n'est exécutée que si le Président du Tribunal reconnaît fondée leur demande d'incarcération.

Ce droit des parents sur leurs enfants est défini par ces mots : *Puissance paternelle.*

QUESTIONNAIRE

1. Comment appelle-t-on l'action que les parents ont sur leurs enfants mineurs ?
2. Par quels actes peuvent-ils manifester, au besoin, cette Puissance ?

VINGT ET UNIÈME LEÇON

Devoirs des Parents envers leurs Enfants.

Les parents, à notre époque, sont tellement portés par leur tendresse à faire pour leurs enfants plus qu'ils ne leur doivent en réalité, qu'il n'est pas souvent nécessaire de les rappeler à leurs devoirs de père et de mère.

Ces devoirs sont de deux sortes. Les uns sont

matériels et les autres moraux. Les devoirs matériels comprennent : la nourriture, l'entretien, le logement, les soins en cas de maladie. Les devoirs moraux, l'instruction, l'éducation et les bons exemples.

Les parents doivent, en un mot, doter leurs enfants de toutes les qualités qui font de celui ou de celle qui les possède, une personne honnête et bien élevée.

QUESTIONNAIRE

1. Est-il souvent nécessaire de rappeler les parents à leurs devoirs de père et de mère ?
2. Quels sont les devoirs des parents envers leurs enfants ?
3. Quel doit être le but des parents en accomplissant leurs devoirs moraux ?

VINGT-DEUXIÈME LEÇON

Devoirs généraux des Frères et Sœurs.

Un enfant aurait tort d'oublier que ses frères et ses sœurs sont des amis naturels que la Providence lui a donnés et sur lesquels il peut compter, dans les circonstances pénibles, plus que sur toute autre personne. Il ne saurait en être autrement. Des enfants nés du même père et de la même mère, unis par les mêmes affections, après avoir vécu de la même vie pendant de longues années, ne peuvent oublier leur origine commune et cesser de s'aimer !

Leur premier devoir est de s'entr'aider, de se secourir et de se dévouer les uns pour les autres, toutes les fois qu'il en est besoin.

Celui qui, vivant dans une certaine aisance, laisserait ses frères et ses sœurs dans le dénuement, prouverait qu'il n'a pas de cœur.

QUESTIONNAIRE

1. Comment un enfant doit-il considérer ses frères et ses sœurs?
2. Pourquoi peut-il compter sur eux plus que sur toute autre personne?
3. N'est-il pas naturel qu'il en soit ainsi?
4. Quel est le premier devoir des frères et sœurs entr'eux?
5. Que penseriez-vous d'une personne aisée qui laisserait ses frères et ses sœurs dans le dénuement?

VINGT-TROISIÈME LEÇON

Devoirs des Frères et Sœurs aînés.

Les Frères et les Sœurs doivent s'aimer comme leurs parents les aiment.

Rien n'est plus triste à voir que les divisions et les inimitiés qui existent parfois entre les membres d'une même famille. Quand on porte le même nom, l'affection mutuelle est une douce obligation. Cette affection se manifeste par des services rendus de part et d'autre. Les plus grands doivent aider, protéger, défendre les plus petits, et surtout, ne leur donner que de bons exemples.

Les aînés sont comme de petits pères et de petites mères pour leurs jeunes frères et leurs jeunes sœurs; par conséquent, il est du devoir de ces derniers d'écouter docilement les avis de leur grand frère ou de leur grande sœur. Si les parents meurent, c'est à l'aîné de les remplacer.

QUESTIONNAIRE

1. Comment les Frères et les Sœurs doivent-ils s'aimer ?
2. Quelle est la chose qui ne devrait jamais exister entre les membres d'une même famille ?
3. De quelle manière l'affection fraternelle se manifeste-t-elle ?
4. Quels sont les devoirs des Frères et des Sœurs aînés ?
5. Quelle doit être la conduite des plus jeunes à l'égard des aînés ?
6. En cas de décès des parents, qui est appelé à les remplacer ?

VINGT-QUATRIÈME LEÇON

Devoirs envers nos Grands Parents.

Nos devoirs envers nos Grands Parents sont les mêmes que ceux envers nos Parents. L'affection que nous devons avoir pour eux n'est pas moins naturelle. Est-il possible d'aimer réellement notre père et notre mère sans confondre dans un même amour les auteurs de leurs jours ? Donnons toujours à nos Grands Parents la meilleure place au foyer et les meilleurs morceaux aux repas de famille. Ayons pour eux la plus grande vénération. Comblons-les de prévenances et de soins délicats, afin d'adoucir leur vieillesse autant que nous le pouvons.

Il n'y a pas de spectacle plus touchant que la réciprocité d'affection qui existe entre le vieillard qui s'en va et l'enfant qui entre dans la vie.

La loi oblige les petits enfants à subvenir à tous les besoins de leurs Grands Parents.

QUESTIONNAIRE

1. Quelle est la nature de nos devoirs envers nos Grands Parents ?
2. N'est-il pas naturel que nous les aimions de tout notre cœur ?
3. Comment devons-nous agir à leur égard ?
4. Comparez la pensée ayant trait à la réciprocité d'affection entre le Grand-Père et l'Enfant avec cette autre pensée de Victor Hugo : *Comme ce couchant adorait cette aurore !*
5. Est-ce que les Petits-Enfants ne sont pas obligés de pourvoir aux besoins de leurs Grands-Parents ?

VINGT-CINQUIÈME LEÇON

Devoirs envers nos autres Parents.

Notre père et notre mère ont des frères et

des sœurs qu'ils aiment assurément comme nous aimons nos frères et nos sœurs. Nous ne pouvons moins faire que d'aimer, à notre tour, nos oncles et nos tantes. Nous devons avoir pour eux des sentiments presque semblables à ceux que nous avons pour nos propres parents.

Nos cousins et nos cousines sont pour nous comme des frères et des sœurs d'un degré plus éloigné. Nous devons les traiter comme tels ; car notre origine est commune dans nos ascendants.

Si nous avions le malheur de devenir orphelins, nous trouverions une seconde famille chez l'un de nos oncles, à qui la loi donnerait, dans ce cas, les fonctions de tuteur analogues à celles du père.

Conservons avec tous nos parents des relations dignes et cordiales qui vivifient l'esprit de famille et assurent l'honneur du nom que nous portons.

QUESTIONNAIRE

1. N'est-il pas naturel que nous aimions nos oncles et nos tantes ?
2. Quels sont les sentiments que nous devons avoir pour eux ?
3. Devons-nous aimer nos cousins et nos cousines ?
4. Que deviendrait pour nous, l'un de nos oncles, si nous avions le malheur de devenir orphelins ?
5. Que faut-il faire pour conserver le culte de la famille ?

VINGT-SIXIÈME LEÇON

Devoirs envers les Serviteurs.

Les Serviteurs ne sont plus, de nos jours, ce qu'étaient les esclaves autrefois. Le mot *domestique*, synonyme de celui de serviteur, signifiant *qui est de la maison* nous indique la manière de les traiter. Il est du devoir de ceux qui les emploient de ne pas oublier (et leurs enfants surtout) que ce sont des citoyens comme nous, qui consentent à nous servir moyennant un salaire convenu et librement accepté de part et d'autre.

Les maîtres doivent, par conséquent, respecter, en leurs serviteurs, la liberté humaine, les traiter avec politesse, reconnaître leurs efforts avec justice, compatir à leurs peines et les adoucir dans la mesure du possible ; enfin, conquérir leur confiance et leur affection, car la famille est directement intéressée à n'avoir auprès d'elle que des serviteurs fidèles et dévoués qui prendront d'autant mieux les intérêts de leurs maîtres, qu'ils seront traités par eux avec plus d'égards et plus de bienveillance.

Il est indispensable que nul maître n'ignore : *Que les bons maîtres font les bons serviteurs.*

QUESTIONNAIRE

1. Que signifie le mot *domestique* ?

2. Quelle est la chose que nous devons respecter dans la personne de nos serviteurs ?
3. Comment devons-nous les traiter ?
4. La famille n'est-elle pas directement intéressée à n'avoir auprès d'elle que de bons serviteurs ?
5. Citez un proverbe que nul maître ne doit ignorer.

VINGT-SEPTIÈME LEÇON

Devoirs des Serviteurs envers leurs maîtres.

Si les maîtres ont des devoirs envers leurs serviteurs, les serviteurs, de leur côté, n'en ont pas de moins nombreux envers leurs maîtres. Ces devoirs sont, à peu de chose près, les mêmes que ceux des apprentis et ouvriers envers leurs patrons.

Les serviteurs doivent travailler consciencieusement, soigner, pour le mieux, les animaux, les immeubles et les instruments commis à leur garde ; prendre en toutes circonstances les intérêts de leurs maîtres, écouter docilement leurs ordres, les exécuter avec promptitude et ne pas révéler ce qui se passe dans leur intérieur.

Les serviteurs, en un mot, doivent se considérer comme faisant partie de la famille de leurs maîtres. Cette pensée résume tous leurs devoirs envers ces derniers.

QUESTIONNAIRE

1. Enumérez les principaux devoirs des serviteurs envers leurs maîtres.
2. Citez la pensée qui résume tous les devoirs résultant de leur situation de serviteurs.

CHAPITRE III

DEVOIRS ENVERS LES ANIMAUX

VINGT-HUITIÈME LEÇON

Devoirs envers les animaux domestiques.

Tous les animaux domestiques nous rendent des services : les uns partagent nos travaux, les autres font société avec nous ; la plupart nous sont utiles même après leur mort, puisque nous utilisons leur dépouille, leur chair, leur graisse, leurs os, etc. Il est donc tout naturel que nous les soignions de notre mieux et que nous n'exigions pas d'eux une tâche au-dessus de leurs forces.

Ceux qui maltraitent les animaux domestiques se rendent coupables d'ingratitude, commettent une lâcheté, et, très souvent, une imprudence ; ils méritent, en outre, d'être poursuivis pour infraction à la loi protectrice des animaux. Et puis, qui est colère et brutal avec les animaux, est bien près de l'être avec les gens !....

Quant aux animaux nuisibles, s'il est nécessaire de les détruire pour s'en préserver, il ne nous est pas permis de les faire souffrir inutilement. *L'enfant qui se plaît à arracher les ailes d'une mouche deviendra cruel sans le savoir.*

QUESTIONNAIRE

1. Enumérez les services que nous rendent les animaux domestiques.
2. Comment devons-nous agir à leur égard ?
3. Qualifiez la conduite de ceux qui les maltraitent.
4. Nous est-il permis de torturer les animaux nuisibles ?

VINGT-NEUVIÈME LEÇON

Respectons les oiseaux

Parmi les animaux que nous devons respecter, les oiseaux ne sont pas les moins intéressants. Presque tous sont pour nous des auxiliaires précieux. Ils détruisent une quantité considérable d'insectes qui, sans eux, s'attaqueraient à nos récoltes. Ainsi, tuer les oiseaux, c'est se débarrasser volontairement de serviteurs qui nous offrent gratuitement leurs services. Par conséquent, c'est commettre, à la fois, une sottise et une ingratitude. De plus, quel morne silence dans la campagne sans le gai ramage des oiseaux ! Ils n'ont que leurs chants, l'espace et la liberté pour tout bien. Que nous nous montrerions cruels en le leur ravissant !

Ne tuons pas les oiseaux, ne détruisons pas leurs nids, nous n'aurons pas une mauvaise action à nous reprocher et nous ferons, en même temps, acte de bon français en n'enfreignant pas la loi sage qui les protége.

QUESTIONNAIRE

1. Quels sont les services que nous rendent les oiseaux ?
2. Démontrez que ceux qui les détruisent commettent une sottise et une ingratitude.
3. Pour quelle autre raison devons-nous respecter les oiseaux ?

CHAPITRE IV

L'ÉCOLE

TRENTIÈME LEÇON

L'Ecole. — Sa Définition.

L'Ecole est une noble maison de recueillement et d'étude où chaque maître travaille à faire des enfants qui lui sont confiés des gens instruits et honnêtes. C'est encore une grande famille et une petite société, où l'on fait l'apprentissage de la vie sociale.

Les enfants doivent être habitués de bonne heure à considérer l'Ecole comme un sanctuaire dans lequel il leur est interdit de rester couverts, d'y avoir une mauvaise tenue, d'y arriver malpropres et les habits en désordre, d'en souiller le parquet, les murs ou le matériel, d'y prononcer des paroles inconvenantes et même d'y tenir des conversations oiseuses.

L'Ecole d'aujourd'hui ne ressemble en rien à

la petite école d'autrefois, ordinairement basse, mal éclairée et mal meublée. Elle est mieux construite, plus vaste, plus saine, plus gaie. Les maîtres sont beaucoup plus instruits, la discipline y est plus douce et l'enseignement plus conforme à nos besoins. Enfants, si la Patrie, soucieuse de votre avenir, a réalisé tous ces progrès à cause de vous, c'est bien le moins que vous aimiez votre Ecole et que vous ayez l'ambition de lui faire honneur.

QUESTIONNAIRE

1. Donnez la définition de l'Ecole.
2. Comment les enfants doivent-ils la considérer ?
3. Comparez l'Ecole d'aujourd'hui à celle d'autrefois.
4. De quelle manière devez-vous reconnaître les améliorations à l'œuvre scolaire que la Patrie a réalisées à cause de vous ?

TRENTE-UNIÈME LEÇON

L'Assiduité à l'Ecole.

L'élève même très intelligent qui manque souvent l'école, est bientôt distancé par ses camarades de classe moins bien doués que lui sous ce rapport.

Etant données ses fréquentes absences, il ne reçoit qu'une instruction tronquée, et plus tard, il sera tout surpris d'ignorer des choses élémentaires, qu'il aurait sûrement apprises, s'il avait fréquenté l'école assidûment.

Ainsi, l'enfant qui trouve toujours un prétexte pour déserter l'école, n'apprend rien pendant que les autres s'instruisent et, d'une journée de classe à l'autre, oublie le peu qu'il avait retenu.

Ce qui est plus grave encore, c'est qu'il perd insensiblement le goût de l'étude : l'effort à faire pour compenser le temps perdu lui paraissant au-dessus de ses forces. A tel point que, devenu adulte, il est classé comme illettré en arrivant au régiment.

Donc, tout enfant qui veut s'épargner pour l'avenir des regréts amers ou se créer, grâce à son instruction, une situation honorable, doit être d'abord assidu à l'école.

QUESTIONNAIRE

1. Pensez-vous que l'intelligence soit suffisante pour devenir instruit ?
2. Quel est le résultat ordinaire des absences scolaires trop fréquentes ?
3. Quel est le préjudice que se porte l'enfant qui trouve toujours un prétexte pour déserter l'école ?
4. Est-ce que sa mauvaise fréquentation scolaire n'aura pas pour lui une conséquence plus grave encore ?
5. Que doit faire l'enfant qui veut s'épargner des regrets ou se créer, grâce à son instruction, une situation honorable ?

TRENTE-DEUXIÈME LEÇON

L'Application à l'Ecole et l'Emulation.

L'assiduité à l'Ecole n'est fructueuse que si l'application s'y joint. Il ne suffit pas d'être présents de corps, il faut suivre attentivement les leçons de votre maître et faire avec soin les devoirs qu'il vous donne.

Par votre propreté, votre bonne tenue et celle de vos cahiers, vous témoignez de votre respect pour lui et pour vous-mêmes. Mais vous ne serez réellement d'excellents élèves que si vous joignez l'émulation à ces qualités. L'Emulation, en effet, est l'âme de l'Ecole, à la condition qu'elle ne dégénère pas en envie.

Si l'un de vos camarades fait mieux que vous, gardez-vous bien de le jalouser. Efforcez-vous, au contraire, de faire aussi bien que lui et même mieux, si vous le pouvez. C'est en cela que consiste l'Emulation.

QUESTIONNAIRE

1. A quelle condition l'assiduité à l'Ecole est-elle fructueuse ?
2. Suffit-il d'y être présents de corps ?
3. Quelle est la qualité que vous devez joindre à celle relative à votre propreté personnelle et à la bonne tenue de vos cahiers ?
4. Quand l'Emulation est-elle salutaire et en quoi diffère-t-elle de l'envie ?

TRENTE-TROISIÈME LEÇON

L'Instruction ne s'acquiert que par le Travail.

L'assiduité, la propreté et l'attention soutenue sont des qualités essentielles dont un bon élève fait toujours preuve; mais ces qualités seraient insuffisantes, si elles n'étaient accompagnées de l'amour du travail. Ainsi, ne croyez pas avoir rempli tous vos devoirs d'écoliers, lorsque, sous l'œil de votre maître, vous avez fait en classe des devoirs satisfaisants ou récité convenablement vos leçons. Ce qu'il faut surtout pour devenir instruit, c'est l'effort persévérant, l'initiative individuelle éveillée et entretenue par le désir de savoir.

Que tout élève se pénètre bien de cette vérité : Qu'il n'est pas d'instruction possible sans travail opiniâtre, puisque, d'après Buffon : *Le génie même n'est qu'une longue patience.*

QUESTIONNAIRE

1. Est-ce que l'assiduité, la propreté et l'attention soutenue sont suffisantes pour devenir instruit ?
2. Que faut-il encore ?
3. Citez la pensée dont tout élève doit se pénétrer.

TRENTE-QUATRIÈME LEÇON

Devoirs envers vos Maîtres ou Maîtresses.

Vous devez aimer vos Maîtres ou Maîtresses, leur obéir, les respecter et leur être reconnaissants.

Vous devez les aimer, parce qu'ils prennent soin de vous, forment votre intelligence et votre cœur.

Vous devez leur obéir et les respecter, parce que vos parents, en vous confiant à eux, leur ont cédé, par ce fait, une partie de l'autorité qu'ils ont sur vous.

Quant à votre reconnaissance pour vos Maîtres ou Maîtresses, elle doit se traduire par cette politesse particulière qui émane du cœur, et qui est la manifestation sincère de la soumission respectueuse que vous devez leur montrer en toute occasion.

Quoi que vous fassiez, vous ne pourrez jamais avoir trop d'égards pour ceux qui vous donnent, sans compter, le meilleur d'eux-mêmes, pour vous instruire et vous élever.

En outre, les Instituteurs et les Institutrices

représentent la Patrie qui les a chargés d'élever et d'instruire tous ses enfants.

QUESTIONNAIRE

1. Quels sont vos devoirs envers vos Maîtres ou Maîtresses ?
2. Pourquoi devez-vous les aimer, leur obéir, les respecter ?
3. Comment doit se traduire votre reconnaissance envers eux ?
4. Pouvez-vous leur montrer trop d'égards ?
5. A quel autre titre devez-vous vénérer la personne de vos Maîtres ou de vos Maîtresses ?

TRENTE-CINQUIÈME LEÇON

Devoirs envers vos Maîtres après votre sortie de l'Ecole.

Une fois sortis de l'école, ne croyez pas être quittes envers vos maîtres. Cessez-vous d'aimer et de respecter votre père et votre mère, lorsque devenus grands et forts vous pouvez vous passer de leurs soins ? Non, n'est-ce pas ? Eh bien, pourquoi ne profiteriez-vous pas de toutes les occasions pour prouver à vos anciens maîtres que vous n'avez pas perdu le souvenir de leurs bienfaits.

Restez-donc en rapport avec eux. Saluez-les respectueusement lorsque vous les rencontrez. Considérez-les comme les meilleurs et les plus sincères de vos amis. Faites-leur les honneurs de vos succès. Souvenez-vous, à ce propos, des paroles prononcées par Carnot le Conventionnel en montrant son instituteur : « *Voilà après mes parents, l'homme à qui je dois le plus, voilà mon second père ; c'est de lui que j'ai appris à connaître et à aimer la France.* »

Est-ce que chacun de vous ne pourrait pas en dire autant du maître qui l'a élevé ? Aussi, ne craignez pas d'avoir recours à ses conseils, quel que soit votre âge, vous en retirerez toujours honneur et profit.

QUESTIONNAIRE

1. Quelle doit être votre conduite à l'égard de vos maîtres après votre sortie de l'école ?
2. Comment devez-vous les considérer ?
3. De quelle manière devez-vous agir avec eux ?
4. Citez les paroles prononcées par Carnot le Conventionnel en montrant son instituteur.
5. A qui devez-vous, au besoin, demander un conseil ?

TRENTE-SIXIÈME LEÇON

Devoirs envers vous-mêmes quand vous aurez quitté l'Ecole.

Quand même vous auriez été un des meilleurs élèves de votre Ecole, n'ayez pas pour cela la sotte prétention de croire que vous n'avez plus rien à apprendre. L'homme très instruit même, et ce n'est pas votre cas, ignore bien plus de choses qu'il n'en connaît.

L'Ecole primaire ne vous a donné que les premières connaissances, c'est à vous de les compléter par la fréquentation régulière des cours d'adultes, par des relations suivies avec des personnes instruites et de bons conseils et par la lecture de bons livres, afin de travailler sans cesse à votre perfectionnement moral, ce qui doit être la fin de toute créature humaine.

QUESTIONNAIRE

1. Quelle est la prétention que vous ne devez pas avoir au sujet de votre instruction ?
2. Pourquoi ?
3. Quel est le but de l'Ecole primaire ?
4. Que devez-vous faire après l'avoir quittée ?

TRENTE-SEPTIÈME LEÇON

Devoirs envers vos Camarades de classe.

Les devoirs des enfants envers leurs camarades de classe résultent tous de leur vie en commun et de leur situation d'écoliers. La plupart de ces devoirs ne sont que la conséquence d'une bonne et franche amitié. Puisque l'Ecole est une famille dont l'instituteur est le père, les élèves doivent se considérer comme des frères et se traiter comme tels. Rien n'est plus grossier, de leur part, que de s'injurier les uns les autres.

Celui qui brutalise ses camarades plus jeunes ou moins forts que lui, est un lâche et un mauvais cœur. Si vous êtes parmi les grands élèves de votre Ecole, venez en aide aux plus jeunes, soyez leurs protecteurs, au besoin, et ne leur donnez que de bons exemples. Fermez votre cœur à tout sentiment de basse jalousie, car ce serait faire l'aveu de votre infériorité. Soyez francs et loyaux. Si l'un de vos camarades fait une faute, ne le dénoncez pas : la délation est le propre des hypocrites. Avouez franchement vos fautes personnelles, de peur qu'un autre élève ne soit accusé de les avoir commises. En agissant ainsi, vous serez estimés de vos maîtres et de vos condisciples.

QUESTIONNAIRE

1. D'où dérivent les devoirs des enfants envers leurs camarades de classe ?
2. De quoi ces devoirs sont-ils la conséquence ?
3. Que pensez-vous de ceux qui injurient leurs compagnons de jeu ou qui brutalisent leurs camarades plus jeunes ou moins forts qu'eux ?
4. Quelle doit être la conduite des plus grands à l'égard des plus jeunes ?
5. Devez-vous être jaloux des élèves qui vous sont supérieurs en savoir ?
6. Quels sont les devoirs de chaque élève relatifs à la franchise ?

TRENTE-HUITIÈME LEÇON

La Jalousie et ses Conséquences.

L'enfant qui jalouse ses camarades prouve, non seulement, qu'il est incapable de les égaler, mais, en outre, qu'il manque complètement de charité.

Devenu homme, il jalousera ses concitoyens du moindre bien qui leur adviendra et son cœur ne connaîtra jamais les douces expansions de l'amitié.

Est-ce que, dans le cas où tout le monde serait malheureux ou souffrant comme nous pouvons l'être, nous serions, pour cela, plus heureux ou moins souffrants ?

La Jalousie est mauvaise encore, parce qu'elle mène à la méchanceté. *On n'est pas loin d'être injuste quand on laisse la jalousie entrer dans son cœur*. Si les autres nous sont supérieurs en qualités acquises : savoir, bonté, douceur, etc., redoublons d'efforts pour devenir aussi instruits, aussi bons et aussi doux qu'eux. Si nous sommes mal partagés sous le rapport des dons naturels : beauté, santé, intelligence, fortune, etc., acceptons, sans nous plaindre, la modeste part de ces avantages que la Providence nous a réservée, nous ferons, du moins, preuve de sagesse.

QUESTIONNAIRE

1. Que pensez-vous de l'enfant qui jalouse ses camarades ?
2. Comment agira-t-il plus tard ?
3. Le malheur des autres a-t-il pour effet de diminuer le nôtre ?
4. A quoi mène ordinairement la Jalousie ?
5. De quelle manière agirons-nous si nous avons assez de sagesse ?

TRENTE-NEUVIÈME LEÇON

La Dissimulation et la Sincérité.

Enfants, ayez horreur de la Dissimulation. Que la crainte du châtiment ne vous porte jamais à cacher vos fautes ; d'autant plus qu'une faute franchement avouée est à moitié expiée, vu l'effort à faire sur soi-même pour s'en déclarer l'auteur. Et puis, avouer ses fautes, c'est le plus sûr moyen de s'en corriger.

La Sincérité ne consiste pas à dire tout ce qu'on pense, mais à penser tout ce qu'on dit. Ainsi, vous serez sincères si vous n'affectez pas de bons sentiments que vous n'avez pas, c'est-à-dire, si vous vous montrez tels que vous êtes au lieu de vous montrez tels que vous devriez être.

Si votre conscience ne vous reproche rien, ne

craignez pas de regarder en face les personnes qui vous adressent la parole.

« Le sournois qui regarde en dessous et qui répond à peine aux questions qu'on lui pose sera toujours un triste personnage, ni l'estime, ni l'affection n'iront à lui. »

QUESTIONNAIRE

1. Citez une chose qu'un enfant doit avoir en horreur.
2. Est-ce que la crainte du châtiment doit nous porter à cacher nos fautes ?
3. En quoi consiste la sincérité ?
4. Comment doit-on se montrer ?
5. Quelle est la manière d'agir du sournois, et peut-il inspirer de la confiance à quelqu'un ?

QUARANTIÈME LEÇON

La Délation et ses résultats.

L'enfant qui se plaît à dénoncer verbalement ses camarades de classe, sera, plus tard, un de ces tristes personnages qui excellent dans l'art de dénoncer leurs concitoyens au moyen de lettres anonymes dont l'auteur demeure inconnu.

La délation, pratiquée de la sorte, est un acte aussi criminel que l'assassinat avec guet-apens, mais il est encore plus lâche ; car l'individu qui se poste à l'avance pour assassiner son semblable, peut rencontrer une résistance qu'il n'a pas prévue et perdre la vie en voulant attenter à celle d'autrui ; ou bien, être reconnu par sa victime qui, bien que mortellement atteinte, pourra donner avant de mourir des indications suffisantes pour le faire arrêter ; tandis que le misérable qui, seul à seul avec sa conscience, pèse à leur valeur les paroles qu'il écrit, frappe dans l'ombre, et sans aucun danger pour lui, les personnes dont il a juré la perte.

Quoique les lettres anonymes soient des écrits sans valeur dont les gens sensés ne font aucun cas, elles ne causent pas moins encore, de temps à autre, des malheurs irréparables.

QUESTIONNAIRE

1. Que deviendra l'enfant qui se plait à dénoncer verbalement ses camarades de classe ?
2. Que pensez-vous des personnes qui dénoncent leurs concitoyens au moyen de lettres anonymes ?
3. Comparez cet acte à l'assassinat avec guet-apens.
4. Lequel de ces deux crimes vous paraît le plus lâche ?
5. Que doit-on faire d'une lettre anonyme ?

QUARANTE-UNIÈME LEÇON

La Vanité.

La vanité est un désir puéril de paraître et de se faire valoir ; c'est l'orgueil appliqué aux petites choses. L'enfant qui cherche à frapper l'attention de ses camarades en énumérant les petits avantages qu'il a sur eux, qui tient à se faire remarquer par un costume plus élégant ou par des colifichets quelconques, et qui considère comme des choses importantes, la forme de son chapeau, la coupe ou la couleur de sa veste, mérite que ses camarades se moquent de lui pour le guérir de sa coquetterie. Il faut que sa petite cervelle se meuble d'idées plus sérieuses et plus pratiques, s'il ne veut pas devenir un de ces êtres frivoles et efféminés dans le genre d'Henri III qui employait la moitié de ses journées aux soins de sa toilette, au lieu de la consacrer aux affaires de l'État.

Il est indispensable, enfin, que nul enfant n'ignore que « *Rien ne fait paraître si petit que la vanité et le désir de paraître grand.* »

QUESTIONNAIRE

1. Donnez la définition de la vanité.
2. Quelle est la punition qu'on devrait infliger à l'enfant vaniteux ?
3. Pourquoi doit-il se guérir au plus tôt de ce travers ridicule ?
4. Quelle est à ce propos, la chose que nul enfant ne doit ignorer ?

CHAPITRE V

L'AMITIÉ

QUARANTE-DEUXIÈME LEÇON

L'Amitié. — Choix d'un Ami.

L'Amitié n'est possible qu'entre gens de bien. Elle embellit la vie et complète les liens qui unissent les hommes entre eux ; c'est un sentiment d'affection mutuelle qui nous attache les uns aux autres, qui double nos joies et adoucit nos peines. Aucun trésor ne vaut un véritable ami. C'est un autre nous-même avec lequel nous pensons tout haut ;

> Il cherche nos besoins au fond de notre cœur ;
> Il nous épargne la pudeur,
> De les lui découvrir nous-mêmes, etc.

Mais les véritables amis étant ordinairement peu nombreux, ne prodiguons pas ce titre sacré en le donnant au premier venu, car si :

Rien n'est plus commun que ce nom,
Rien n'est plus rare que la chose.

Quant à vous, enfants, abstenez-vous de fréquenter les jeunes gens vicieux dont le langage impudique et les tristes exemples finiraient par vous corrompre. Choisissez toujours vos amis parmi les plus vertueux de vos camarades, leur contact vous rendra meilleurs : *On ne peut que gagner en bonne compagnie.*

QUESTIONNAIRE

1. Donnez une définition de l'amitié.
2. Y a-t-il un trésor qui puisse être comparé à un véritable ami ?
3. Les vrais amis sont-ils bien nombreux ?
4. Citez l'exhortation adressée aux enfants à ce sujet.

QUARANTE-TROISIÈME LEÇON

La Politesse.

La Politesse est l'observance des égards dus à autrui, elle exige beaucoup plus de tact que de savoir. La Politesse ajoute à la civilité quelque chose de plus affectueux. Elle ne consiste pas exclusivement à saluer les gens que l'on connaît, ni à leur parler sur un ton et en des termes convenables; car ce ne sont là que les dehors de la politesse. Il faut que nos sentiments répondent à ces actions, sans quoi toutes nos manières polies ne seraient qu'une des formes de l'hypocrisie.

La vraie politesse émane du cœur. Elle est de rigueur avec nos supérieurs, et non moins indispensable avec nos égaux et nos inférieurs.

Les enfants de France doivent être plus polis que ceux des autres pays : la nation française ayant toujours passé pour être la plus affable et la plus polie du monde.

QUESTIONNAIRE

1. Donnez la définition de la Politesse.
2. En quoi diffère-t-elle de la civilité ?
3. Comment se manifeste-t-elle ?
4. Quel est le caractère de la vraie Politesse ?
5. Pourquoi les enfants de France doivent-ils être plus polis que ceux des autres pays.

QUARANTE-QUATRIÈME LEÇON

Devoirs des Inférieurs envers leurs Supérieurs et des Supérieurs envers leurs Inférieurs.

A l'égard de nos Supérieurs, la simple politesse ne suffit pas; il faut qu'elle revête un caractère de soumission respectueuse qui n'exclut aucunement l'affection. On peut très bien aimer ses Supérieurs, avoir même avec eux certaines familiarités, sans perdre pour cela la notion du respect qui leur est dû et sans que leur autorité sur nous en soit diminuée. L'attachement que nous pouvons avoir pour nos chefs et le respect qui naît du sentiment de notre infériorité ne sont pas du tout incompatibles.

Quant aux Supérieurs, ils doivent traiter leurs inférieurs avec le plus d'égards possible, s'intéresser à leur situation, prendre part à leurs peines, accueillir leurs réclamations avec bienveillance, les récompenser chacun suivant leurs propres mérites, et non pour un autre motif.

Pour ce qui est de la sévérité montrée par quelques supérieurs dans l'exercice de leurs fonctions, elle n'est jamais un mal, quand elle a pour correctif la bonté et la justice.

QUESTIONNAIRE

1. La politesse à l'égard de nos Supérieurs ne doit-elle pas se distinguer de la politesse ordinaire ?
2. Peut-on aimer ses Supérieurs et les respecter en même temps ?
3. Quels sont les devoirs des Supérieurs à l'égard de leurs Inférieurs ?
4. N'y a-t-il pas quelque chose qui corrige la sévérité, parfois excessive, des Supérieurs envers leurs Inférieurs ?

QUARANTE-CINQUIÈME LEÇON

Respect dû aux Vieillards et aux Jeunes Filles.

Honorez les vieillards, à quelque rang qu'ils appartiennent. Ecoutez leurs conseils avec déférence et reconnaissance. Ils ont l'expérience de la vie et peuvent, à cause de cela, vous apprendre beaucoup de choses. Soyez complaisants pour eux. Soulagez-les toutes les fois que vous le pouvez, en leur offrant vos petits services. *Un enfant qui rit des Vieillards, de leurs infirmités ou de leurs manies, est un mauvais cœur.*

Respectez aussi les Jeunes Filles et toutes les Femmes en général. Parlez-leur toujours chapeau bas et d'une manière convenable. Excluez de vos conversations avec elles toute expression équivoque qui pourrait blesser leur pudeur. Protégez leur faiblesse et sachez les défendre au besoin.

Ce devoir est d'un accomplissement facile pour nous, Français, qui sommes, d'instinct, le plus généreux et le plus courtois des peuples.

QUESTIONNAIRE

1. De quelle manière les enfants doivent-ils traiter les Vieillards ?
2. Comment doivent-ils agir avec eux ?
3. Que pensez-vous de l'Enfant qui rit des Vieillards ?

4. Quelle doit être la conduite des Jeunes Gens à l'égard des Jeunes Filles et de toutes les Femmes en général ?
5. Quelles sont, à ce sujet, les qualités que tous les peuples nous reconnaissent ?

QUARANTE-SIXIÈME LEÇON

Choix d'un état.

Il n'y a pas, à proprement parler, de mauvais métier, et si l'on dit ordinairement : *Tant vaut l'homme, tant vaut la terre,* l'on pourrait dire aussi : *Tant vaut l'ouvrier, tant vaut le métier.*

En choisissant le vôtre, jeunes gens, considérez d'abord si les moyens de fortune de vos parents justifient votre choix. Examinez ensuite, si vous avez les aptitudes voulues pour devenir habiles dans cette profession, sinon vous végèterez péniblement toute votre vie sans arriver jamais à l'aisance, car un travail pour lequel on n'a pas de goût ne peut être que mal fait ; ce qui est, pour l'ouvrier, une des principales causes d'insuccès.

Rendez-vous compte, en dernier lieu, si les personnes exerçant déjà la profession que vous avez en vue, ne sont pas en trop grand nombre dans le pays où vous pensez vous fixer, devenu patron.

Enfin, vous ne pouvez trop réfléchir avant de prendre une détermination, puisque de l'état que vous choisirez dépendra, en partie, votre bonheur à venir et celui de votre famille.

QUESTIONNAIRE

1. Y a-t-il, à proprement parler, de mauvais état ?
2. Que doit examiner d'abord un jeune homme avant de choisir un état ?
3. Que doit-il considérer ensuite ?
4. Quelle est la chose qu'il doit considérer en dernier lieu ?
5. Peut-on trop réfléchir avant de prendre une détermination à ce sujet ?

QUARANTE-SEPTIÈME LEÇON

Devoirs des Patrons envers leurs Ouvriers et leurs Apprentis.

Si jamais vous devenez patrons, ne cherchez pas à accroître vos bénéfices aux dépens de vos ouvriers ou de vos apprentis, soit en leur donnant un salaire insuffisant, soit en les nourrissant mal, ou bien encore, en exigeant d'eux un travail au-dessus de leurs forces. Occupez-vous de leur bien-être. Récompensez-les chacun suivant leurs mérites, en augmentant le salaire de ceux qui travaillent le plus ou le mieux.

Enfin, traitez-les comme s'ils faisaient partie de votre famille. Votre devoir et même votre intérêt vous commandent d'agir ainsi, étant donné : *Qu'un bon patron ne peut avoir que de bons employés.*

QUESTIONNAIRE

1. Quelle doit être la manière d'agir des Patrons à l'égard de leurs Ouvriers et de leurs Apprentis ?
2. Comment doivent-ils les traiter ?
3. Est-ce que les Patrons ne sont pas intéressés à n'avoir que de bons employés ?

QUARANTE-HUITIÈME LEÇON

Devoirs des Ouvriers et des Apprentis envers leurs Patrons.

Si un jour vous travaillez à un atelier comme Ouvriers ou comme Apprentis, écoutez docilement les conseils de votre patron et appliquez-vous autant à votre travail que si vous deviez en retirer vous-mêmes le produit. Ne soyez ni paresseux, ni négligents, car, en acceptant les conditions qu'il vous a posées, vous vous êtes engagés à bien travailler.

Faites de la bonne besogne : d'abord, par honnêteté ; ensuite, parce qu'un bon ouvrier est recherché de tous les patrons ; enfin, parce que votre travail peut être porté sur les marchés étrangers et comparé à celui des ouvriers appartenant aux nations rivales de la France sous le rapport industriel et commercial.

Prenez les intérêts de votre patron, en toutes circonstances. Rendez-lui, en dehors de votre travail d'atelier, tous les petits services que vous pouvez. En un mot, considérez-le comme un second père. De cette dernière pensée découlent tous vos devoirs envers lui.

QUESTIONNAIRE

1. Quels sont les devoirs généraux des ouvriers et apprentis envers leurs patrons ?
2. Prouvez que lorsque un ouvrier travaille bien il fait preuve d'honnêteté, de prévoyance et de patriotisme.
3. Devez-vous vous estimer comme quittes envers votre patron quand vous avez rempli consciencieusement votre journée d'ouvrier ?
4. Comment devez-vous le considérer ?

QUARANTE-NEUVIÈME LEÇON

Les Devoirs professionnels.

En dehors des Devoirs généraux qui s'appliquent à tous les hommes, il y a encore des devoirs spéciaux qui correspondent à la situation particulière de chacun, à ses fonctions ou à sa profession. Ainsi : l'avocat qui ne consacre son éloquence qu'à la défense des causes justes et le médecin qui brave la mort en prodiguant ses soins aux malades atteints de maladies infectieuses, remplissent, l'un et l'autre, les devoirs de leur profession. Agissent de même, le commerçant qui ne vend que de la bonne marchandise en se contentant d'un gain modique et l'ouvrier qui travaille consciencieusement.

Quant aux fonctionnaires publics, ils ont pour devoir la ponctualité dans l'accomplissement de leur charge et la complaisance envers les personnes qui ont besoin de leur office. Il ne faut pas qu'ils ignorent qu'ils sont faits pour le public, au lieu de croire que le public est fait pour eux. Ces devoirs, évidents pour les fonctionnaires rétribués, le sont également pour ceux qui acceptent des fonctions gratuites. Ils doivent s'acquitter de leur mission en conscience, ou bien, céder la place à d'autres qui pourraient rendre de meilleurs services.

QUESTIONNAIRE

1. Que signifie cette expression : *remplir ses devoirs professionnels ?*
2. Quels sont les devoirs de l'avocat, du médecin, du commerçant de l'ouvrier et des fonctionnaires publics ?
3. N'y a-t-il pas quelque chose que les fonctionnaires publics ne doivent pas ignorer ?
4. Est-ce que les fonctionnaires qui occupent des fonctions gratuites sont tenus de remplir leur mission avec le même zèle que les fonctionnaires rétribués ?

CHAPITRE VI

CINQUANTIÈME LEÇON

Définition de la Patrie.

La Patrie, enfants, est tout ce que vous aimez, votre père, votre mère, vos frères et vos sœurs, votre maison, vos champs, vos maîtres, votre école, le village qui vous a vus naître, l'église où vous priez, le cimetière où dorment vos aïeux, la France tout entière avec ses montagnes, ses forêts, ses plaines, ses rivières, les mers qui la baignent et le soleil qui l'éclaire ; la France, avec son passé glorieux, ses humiliations, ses revers, sa langue, ses mœurs, ses lois, ses grands hommes, ses espérances. Tout cela, enfants, c'est la Patrie !

QUESTIONNAIRE

1. Donnez la définition de la Patrie.

CINQUANTE ET UNIÈME LEÇON

Bienfaits de la Patrie.

C'est à la Patrie que nous sommes redevables de ce que nous sommes et de tous les bienfaits dont nous jouissons : du pain que nous mangeons, de l'instruction et de l'éducation que nous recevons, de la protection dont elle nous couvre, de l'esprit, des mœurs, des idées et du nom qu'elle nous donne. Elle a pour nous la sollicitude d'une mère. Comment ne l'aimerions-nous pas, en retour, d'un amour filial ?

Pour le moment, enfants, vous n'avez pas d'autre manière de montrer votre amour pour la Patrie que de travailler avec ardeur à l'école, afin de ne pas rendre inutiles les sacrifices qu'elle fait pour assurer votre instruction et préparer votre avenir.

QUESTIONNAIRE

1. Enumérez les principaux bienfaits que nous tenons de la Patrie.
2. Quel est, en retour, le devoir de chacun de nous envers elle ?
3. De quelle manière les enfants peuvent-ils montrer leur amour pour la Patrie ?

CINQUANTE-DEUXIÈME LEÇON

Nos principaux devoirs envers la Patrie.

Lorsque vous serez grands et forts, vous aurez d'autres devoirs envers la Patrie. Il en est un cependant qui les résume tous : C'est l'obéissance absolue à ses lois, si rigoureuses qu'elles vous paraissent. Vous n'obéissez pas à vos parents parce que vous y êtes forcés, n'est-ce pas ? Mais plutôt parce que vous les aimez. Eh bien, vous agirez ainsi à l'égard de la Patrie ; vous obéirez à ses lois, non par crainte du châtiment infligé à ceux qui les enfreignent, mais par amour pour elle.

Ainsi : vous paierez l'impôt sans murmurer, vous soutiendrez le gouvernement qui la régit, vous respecterez l'autorité légalement établie, sans laquelle il n'y aurait pas de sécurité pour les honnêtes gens. Enfin, quand vous serez en âge de porter les armes, vous irez à la caserne pour apprendre à les manier, et puis, s'il le faut, vous marcherez à la frontière pour défendre son sol sacré, tant qu'il vous restera un œil pour viser, un bras pour porter des coups, une poitrine pour en recevoir.

QUESTIONNAIRE

1. Quel est celui des devoirs envers la Patrie qui résume tous les autres ?
2. Est-ce par contrainte que nous devons obéir aux lois de la Patrie ?
3. Enumérez nos principaux devoirs envers elle.

CINQUANTE-TROISIÈME LEÇON

L'Impôt du Sang.

Tous les Français valides étant aujourd'hui tenus à payer l'Impôt du Sang, aucun ne doit chercher à s'en exonérer, car, servir la Patrie comme soldat n'est pas seulement un devoir strict que nous ont imposé nos désastres de 1870 et que continue de nous imposer la rivalité des nations dans leur lutte pour l'existence, mais c'est encore un honneur, du moment que les vauriens sont exclus de l'armée.

Les devoirs du soldat en temps de paix, se bornent à l'obéissance absolue envers ses chefs et au respect de la discipline et des règlements militaires.

En temps de guerre, aucune mission périlleuse ne doit le faire reculer. Pas un soldat français ne doit oublier que sa vie est à la

France, et qu'il n'a pas à choisir lui-même le moment où il devra la lui donner.

QUESTIONNAIRE

1. Que signifie cette expression : *Etre taxé de l'Impôt du Sang ?*
2. Qu'est-ce qui nous a imposé cette obligation et nous est-il possible de nous en exonérer?
3. Prouvez que c'est un honneur d'être soldat.
4. Quels sont les devoirs du soldat en temps de paix ?
5. Quels sont les devoirs du soldat en temps de guerre ?

CINQUANTE-QUATRIÈME LEÇON

La Nation armée et la Discipline.

Notre situation, *depuis l'année terrible*, nous obligeant à rester constamment sur la défensive, le service militaire obligatoire pour tous les Français pouvait seul nous permettre d'utiliser pour la défense, à un moment donné, toutes les forces de la nation. C'est à nous de ne pas oublier que si le respect de la discipline est indispensable dans les petites armées, il l'est bien plus encore dans les grandes. La moindre défection, le moindre acte d'insubordination peut avoir, dans certains cas, des effets désastreux.

Soyons unis sous le drapeau de la France qui nous abrite, nous serons assurés de vaincre.

Donnons à notre Patrie bien-aimée jusqu'à la dernière goutte de notre sang, s'il le faut, afin de montrer à nos ennemis que les Français d'aujourd'hui ne sont pas les fils dégénérés de ces géants qui, au siècle dernier, ont fait trembler sous leurs pas le pavé de leurs capitales.

QUESTIONNAIRE

1. Quel est l'événement malheureux qui nous a obligés d'établir, en France, le service militaire obligatoire ?
2. Pourrait-on le supprimer sans danger, à cette heure ?
3. Est-ce que le respect de la discipline n'est pas plus indispensable encore dans les grandes armées que dans les petites ?
4. Quel est le devoir de chacun de nous à ce sujet ?

CINQUANTE-CINQUIÈME LEÇON

L'Amour de la Patrie est un sentiment naturel.

On n'emporte pas sa Patrie à la semelle de ses souliers, a dit Danton.

En effet, il n'y a pas, à ce que l'on assure, de plus terrible tourment que d'être privé de la revoir. A tel point que grand nombre de personnes qui s'expatrient volontairement après avoir commis une faute, viennent se livrer elles-mêmes aux autorités de leur pays avec la certitude de passer plusieurs années en prison plutôt que de vivre en liberté sur la terre étrangère ; ce qui prouve la vérité de cette autre parole de Lamennais: *L'exilé partout est seul.*

QUESTIONNAIRE

1. Citez la parole de Danton ?
2. Que signifie-t-elle ?
3. Comment nomme-t-on la maladie causée par le vif désir de revoir son pays ?
4. Expliquez, après l'avoir citée, la parole de Lamennais ?

CINQUANTE-SIXIÈME LEÇON

Le Chauvinisme et le Patriotisme

Aimer le France glorieuse du temps de Richelieu, de Louis XIV et du premier Empire, se sentir fier de ses succès, s'enorgueillir de ses victoires, c'est aimer la France dans sa splendeur, la France puissante dictant ses volontés aux monarques de l'Europe coalisés, le front courbé sous son sceptre. Cet amour exalté, dénommé *chauvinisme*, n'est que la manifestation d'un orgueil national outré ; nous lui sommes redevables des sublimes folies qui ont amené nos revers. Mais, aimer la France dans le malheur, la France vaincue, mutilée, démembrée, ne pas désespérer de l'avenir, lui sacrifier sa jeunesse, sa force, son intelligence, sa santé, ses affections, sa vie : voilà l'amour grand, noble et désintéressé du véritable patriote, celui qui permettra à notre belle Patrie de poursuivre sa marche à la tête des nations et de semer par le monde ses idées de civilisation, de justice et de paix.

QUESTIONNAIRE

1. Qu'est-ce que le *chauvinisme* ?
2. Où nous a-t-il menés ?
3. En quoi diffère-t-il du patriotisme ?
4. Quels sont les sacrifices que doit inspirer le patriotisme ?

CINQUANTE-SEPTIÈME LEÇON

L'Honneur national et le Patriotisme des Femmes.

Un peuple bien pénétré du sentiment de ce qu'il doit à sa Patrie est invincible. Les divisions seules, en l'affaiblissant, pourraient le faire tomber sous le joug d'un autre peuple.

Honorons et imitons, au besoin, ces nobles figures de notre histoire nationale (hommes ou femmes) qui nous ont donné de si beaux exemples de dévouement à la Patrie ; car le patriotisme des Jeanne d'Arc, des Jeanne Hachette et des Juliette Dodu, n'est pas inférieur à celui des d'Assas, des Marceau ou des Blandan.

Et si les mères françaises savent inculquer à leurs enfants le culte de la Patrie, elles élèveront une pépinière de héros qui, le cas échéant, sauront encore accroître par leurs exploits, le magnifique héritage d'honneur national que nous tenons de nos ancêtres.

QUESTIONNAIRE

1. Qu'est-ce qui rend un peuple faible ?
2. Expliquez ce proverbe : *L'union fait la force*.
3. A côté de ces trois femmes que leur patriotisme a rendues illustres, placez trois hommes qui ont également bien mérité de la Patrie.
4. Quelle est la mission de chaque mère française ?
5. Quel en sera le résultat ?

CINQUANTE-HUITIÈME LEÇON

Le Cosmopolitisme et ses dangers.

Si le Cosmopolitisme se bornait à prêcher l'amour des hommes en général, il ferait quelque chose de noble et de grand, mais il veut malheureusement qu'on oublie la Patrie pour l'humanité. En cela, il a tort, la Patrie n'étant, en définitive, que la famille agrandie. Or, comme la Patrie est plus près de nous que l'humanité, il est tout naturel que nous la chérissions la première.

Les Allemands nous ont fait comprendre en 1870 que, jusqu'au jour où les guerres entre nations seront rendues impossibles, le Cosmopolitisme doit être condamné, comme portant atteinte à l'ardent patriotisme dont tout bon Français doit être animé.

QUESTIONNAIRE

1. Qu'est-ce que le Cosmopolitisme ?
2. Que demande-t-il ?
3. A-t-il raison ? Et pourquoi ?
4. Pour quelle raison le Cosmopolitisme doit-il être condamné ?
5. A quelle condition serait-il possible ?

CINQUANTE-NEUVIÈME LEÇON

Le Drapeau. — Son Emblème.

Le Drapeau est l'emblème de la Patrie. Chaque peuple civilisé a le sien. La France a le drapeau tricolore connu dans le monde entier pour être le symbole de la liberté et de l'honneur. Tous nos régiments français ont un drapeau sur lequel sont inscrits leurs principaux faits d'armes. Tant que son drapeau flotte au vent, un régiment existe, si cruelles que soient ses pertes ; mais le régiment qui a perdu le sien est considéré comme entièrement détruit. C'est que le drapeau n'est pas seulement pour le soldat l'âme de la Patrie ; il est encore pour lui le point de ralliement où il doit concentrer ses suprêmes efforts avant de mourir. Aussi, le dernier des conscrits se conduit en héros quand il s'agit de défendre cet étendard sacré.

Quand vous verrez passer le drapeau tricolore, enfants, interrompez vos jeux et saluez bien bas. C'est la Patrie qui passe !

QUESTIONNAIRE

1. Que représente le Drapeau ?
2. Quelles sont les couleurs de celui de la France ?
3. Par quoi est-il connu dans le monde entier ?
4. Pourquoi considère-t-on, comme n'existant plus, un régiment qui a perdu son drapeau ?
5. Quelle doit être la conduite des soldats chargés de le défendre ?
6. Que doit-on faire lorsque le Drapeau passe ?

SOIXANTIÈME LEÇON

La Trahison envers la Patrie.

Le misérable que la cupidité ou tout autre motif porte à trahir sa Patrie, commet le crime le plus monstrueux qu'il soit possible d'imaginer ; c'est comme s'il plongeait un poignard dans le cœur de sa mère et conduisait ses frères dans un guet-apens pour y être égorgés. Aucun tourment ne peut lui faire expier suffisamment son forfait. Tout traître qui vend sa Patrie à l'étranger devrait être attaché à un poteau pour recevoir sur le visage les crachats de ses compatriotes, sa main droite devrait être brûlée et sa chair tenaillée donnée en pâture aux corbeaux.

La mort réservée aux traîtres, si cruelle qu'on puisse l'imaginer, n'est qu'une expiation partielle de la peine infamante attachée à leur crime. Leurs enfants, après eux, continuent d'en porter le poids et pour se soustraire à la honte qu'ils éprouvent en s'entendant appeler, il faut qu'ils renient leur origine, en abandonnant à la postérité leur nom patrimonial exécré et maudit.

QUESTIONNAIRE

1. Y a-t-il un crime plus monstrueux que celui de trahir sa Patrie ?
2. A quoi peut-on le comparer ?
3. Quel est le tourment qu'il faudrait infliger aux traîtres ?
4. La mort ignominieuse subie par les traîtres est-elle jugée suffisante pour expier leur crime ?
5. Que sont obligés de faire leurs enfants pour échapper à la honte d'être les fils de tels pères ?

SOIXANTE ET UNIÈME LEÇON

Nécessité de l'Ordre et de la Paix.

Lorsqu'un Gouvernement est assez fort pour

assurer à l'Etat qu'il régit l'ordre à l'intérieur et la paix à l'extérieur, l'agriculture, le commerce, l'industrie, l'instruction, les beaux-arts; en un mot, toutes les choses utiles ou agréables dont les nations vivent matériellement ou moralement, peuvent librement se développer et fleurir. Le tout, pour le plus grand bien du peuple qui négligerait de se livrer à ces travaux de civilisation et de paix, s'il ne se sentait protégé contre les ennemis du dehors et ceux du dedans.

L'expérience d'un siècle nous a démontré que les appels à la violence ont toujours amené une ère de réaction pendant laquelle un prétendu sauveur a pu fonder un gouvernement despotique supprimant, d'un trait, les libertés dont jouissait le peuple. Il nous appartient, maintenant, d'avoir assez de sagesse pour ne plus mériter, désormais, d'être gouvernés de la sorte.

QUESTIONNAIRE

1. A quels indices reconnait-on un Gouvernement fort ?
2. Les luttes intestines et les guerres ne sont-elles pas préjudiciables à la prospérité des nations ?
3. Quels sont les gouvernements qui succèdent aux périodes de troubles ?
4. Comment devons-nous nous conduire pour ne plus mériter d'être gouvernés de la sorte ?

SOIXANTE-DEUXIÈME LEÇON

La Force Publique. Sa raison d'être.

Si tous les hommes étaient bien pénétrés de leurs devoirs envers leurs semblables et résolus à les remplir en toute occasion, il ne serait pas nécessaire que certains d'entre nous soient chargés de surveiller, de saisir ou de juger les autres et même d'employer la force pour les mettre hors d'état de nuire. Mais, l'accomplissement de nos simples devoirs de justice exige encore un certain effort dont tout le monde n'est pas capable, et malheureusement il y aura toujours des personnes qui feront le mal en s'attaquant aux droits de leurs semblables.

Dans ce cas, il appartient à la société de se garder des malfaiteurs, et la force publique dont elle dispose, a droit à notre respect. Bien plus, il est du devoir de tout bon citoyen de prêter main forte à cette autorité qui nous assure le bien-être et la tranquillité.

QUESTIONNAIRE

1. A quelle condition pourrait-on se passer de la force publique ?
2. Croyez-vous que cela puisse arriver ?
3. Quel est, dans ce cas, le droit de la société ?
4. Devons-nous traiter en ennemis les agents de la force publique ?
5. Quel est le devoir de tout bon citoyen à leur égard ?

SOIXANTE-TROISIÈME LEÇON

La Loi Morale et nos Lois Françaises.

Le défaut de culture intellectuelle des peuples en enfance leur ayant rendu impossible l'élaboration des lois écrites, chaque peuple se conduisit, d'abord, suivant les instincts de sa race. Mais quand leurs premiers besoins assurés, les hommes d'alors eurent le loisir de penser, des esprits en avance sur leur temps, découvrirent les principes de la loi morale que tout homme porte en soi, les mirent en pratique et les enseignèrent à leurs concitoyens, lesquels furent régis de la sorte par la loi naturelle.

Dans les questions d'intérêts privés, les coutumes établies chez les habitants de chaque région leur tinrent lieu de lois. Mais lorsque le patriotisme né des souffrances dues aux invasions, eut fait de diverses peuplades occupant déjà le pays, un seul peuple, une nation, la nécessité des lois écrites se fit sentir avec d'autant plus d'intensité que la nation comptait davantage d'esprits cultivés. Alors parurent successivement : Moïse chez les Hébreux, Lycurgue et Solon chez les Grecs, Justinien chez les Romains, Mahomet chez les Arabes, et, chez nous, Charlemagne et Colbert. Enfin, sous le Consulat, Tronchet, Portalis, etc., s'inspirant des principes de la Révolution, nous dotèrent des lois auxquelles nous obéissons encore aujourd'hui.

Nos lois françaises de cette époque, réputées par l'esprit d'équité qui a présidé à leur confection, ont été adoptées par la plupart des nations civilisées.

QUESTIONNAIRE

1. Que signifie cette expression : *des peuples en enfance ?*
2. Comment se conduisirent d'abord les hommes de cette ép que ?
3. D'après quels principes se conduisirent-ils pl s tard ?
4. Qu'est-ce qui leur tint lieu de lois dans les questions d'intérêt privé?
5. Quand la nécessité des lois écrites devint-elle impérieuse ?
6. Citez quelques législateurs anciens et modernes.
7. Que savez-vous de nos lois françaises ?

SOIXANTE-QUATRIÈME LEÇON

L'Instruction primaire obligatoire.

L'Instruction est, après le pain, le premier besoin de l'humanité. Sans l'Instruction, l'homme ne serait pas plus éclairé qu'un enfant et presque aussi faible que lui. Le savoir fait évidemment de l'homme le véritable roi de la création, lui assure son indépendance, lui fait connaître ses devoirs, le rend maître de lui-même et meilleur.

Aucun père de famille ne peut alléguer aujourd'hui qu'il est trop pauvre pour faire instruire ses enfants, puisque la République a rendu l'Instruction primaire gratuite. L'obligation, dans ce cas, est la conséquence de la gratuité. Il est juste, par conséquent, que la liberté des parents en matière d'instruction, ait pour limites l'intérêt des enfants et celui de la France qui a besoin du concours éclairé de tous les Français, pour ne pas être dominée et vaincue par les autres nations.

L'enfant qui travaille avec ardeur à l'Ecole remplit, en même temps, un des principaux devoirs envers son âme et son premier devoir envers la Patrie.

QUESTIONNAIRE

1. L'Instruction est-elle réellement indispensable à l'homme ? Pourquoi ?
2. Quels sont les bienfaits qu'elle lui assure ?
3. L'Etat aurait-il pu rendre l'Instruction obligatoire sans la rendre gratuite ?
4. Pourquoi les pères de famille sont-ils obligés actuellement de faire instruire leurs enfants ?
5. Comment jugez-vous la conduite des enfants qui ne travaillent pas en classe ?

SOIXANTE-CINQUIÈME LEÇON

L'Impôt. — Sa nécessité.

L'Impôt est la part contributive de chaque citoyen dans les dépenses faites par la société pour l'utilité commune. Presque tous les avantages dont nous jouissons proviennent de l'impôt : routes, police, justice, instruction, etc. L'Impôt sert aussi à assurer la défense nationale au moyen de l'armée, de la marine et des fortifications. Tout cela coûte de l'argent, et comme nous en profitons tous, il est juste que nous contribuions, chacun suivant nos ressources, aux dépenses faites en vue de l'intérêt général. Personne n'a le droit de se soustraire à l'Impôt dont la nécessité est incontestable. Il ne sert plus, comme autrefois, à satisfaire les caprices d'un monarque. Il est, en outre, réparti avec la plus scrupuleuse exactitude, et nous n'avons pas à craindre qu'il soit dilapidé, puisque ceux-là mêmes qui le votent sont chargés d'en surveiller l'emploi.

QUESTIONNAIRE

1. Qu'est-ce que l'Impôt ?
2. Quels sont les avantages dont nous jouissons, qui proviennent de de l'Impôt ?
3. A quoi sert-il encore ?
4. Pour quelle raison personne ne doit chercher à s'y soustraire ?
5. Est-il réparti avec exactitude ?
6. Peut-il être dilapidé ?

SOIXANTE-SIXIÈME LEÇON

Condamnation des Fraudes envers l'Etat.

L'Impôt dont nous sommes frappés est, sous sa forme directe et indirecte, une dette qui représente ce que nous devons à l'Etat en échange des services qu'il nous rend. Si tous les impôts étaient nominatifs comme l'Impôt direct, les dépenses prévues au budget seraient toujours équilibrées par les recettes, du moment qu'il est possible de poursuivre les mauvais débiteurs; mais il n'en est malheureusement pas ainsi de l'Impôt indirect. Ainsi, ceux qui transportent du vin sans payer les droits de circulation, ceux qui cachent certains objets pour les soustraire aux droits de douane, etc., privent l'Etat d'un revenu sur lequel il comptait et font acte de mauvais citoyens. En volant l'Etat, ils volent, en même temps, tous les bons Français qui seront obligés de donner une autre part de leur revenu, pour combler le déficit causé par la fraude et la contrebande.

QUESTIONNAIRE

1. De combien de sortes d'Impôts sommes-nous frappés ?
2. On dit de l'Impôt direct, qu'il est nominatif. Qu'est-ce que cela signifie ?
3. En est-il de même de l'Impôt indirect ?
4. De quoi se rendent coupables ceux qui cherchent à se soustraire à l'Impôt indirect ?
5. Quelle est la conséquence de leur conduite ?

SOIXANTE-SEPTIÈME LEÇON

La Souveraineté nationale.

En France, le peuple est souverain puisque ce sont les délégués nommés par lui qui font les lois auxquelles il se soumet. C'est à nous de montrer, par notre sagesse et notre modération, à l'Europe qui nous observe, qu'un peuple mûr pour la liberté peut fort bien se passer de la tutelle d'un monarque.

Proclamons hautement notre vif désir de la paix. Respectons intégralement les droits des autres, nous finirons par gagner leur sympathie, qui se transformera peut-être avec le temps, en alliance précieuse. Respectons aussi chez nous l'autorité légalement établie; attendu que tout fonctionnaire, si haut placé qu'il soit, n'a que le pouvoir qui découle des fonctions dont il a été investi, soit directement par le peuple, soit par le Gouvernement qui en émane.

QUESTIONNAIRE

1. Quand est-ce que le peuple est souverain ?
2. Que doit montrer, à l'Europe monarchique, un peuple souverain comme celui de France ?
3. Quelle doit être notre conduite à l'égard des autres peuples ?
4. Pourquoi devons-nous respecter l'autorité, plus que si nous vivions sous une monarchie ?

SOIXANTE-HUITIÈME LEÇON

Le Vote. — Son Obligation.

Un Français n'a pas le droit de se désintéresser du vote. Il est de son devoir de donner à sa commune de bons Conseillers municipaux qui gèreront consciencieusement les affaires communales. Il doit agir de la même manière quand il s'agit des Conseillers d'arrondissement, des Conseillers généraux, des Députés et des Sénateurs (s'il est appelé à élire ces derniers).

Un pays démocratique, comme le nôtre, ne devrait pas être gouverné ou administré par des hommes élus à la majorité absolue des suffrages exprimés, mais à la majorité absolue des électeurs inscrits, et tous en parfaite communauté d'opinions avec le candidat de leur choix : chose qui, malheureusement, n'a pas lieu quand un trop grand nombre d'électeurs s'abstiennent de voter.

QUESTIONNAIRE

1. Un Français a-t-il le droit de se désintéresser du vote ?
2. Quel est son devoir à ce sujet ?
3. Par qui devrait être gouverné et administré un pays démocratique comme la France ?
4. Que faudrait-il pour cela ?

SOIXANTE-NEUVIÈME LEÇON

Le Vote doit être libre, éclairé, consciencieux et désintéressé.

Le Vote étant reconnu comme moralement obligatoire, il faut, en outre, que chaque électeur puisse voter librement pour le candidat qu'il préfère. La loi, toujours d'accord avec la morale, punit sévèrement toute pression ayant pour objet de porter atteinte à la liberté du vote qui doit être encore éclairé, consciencieux et désintéressé.

Pour cela, il est indispensable que les électeurs cherchent à connaître exactement l'opinion politique et les antécédents des candidats qui sollicitent leurs suffrages. Et puis, quand il s'agit d'un acte civique aussi important que le vote, c'est à notre conscience seule que nous devons obéir; au lieu de donner notre voix au candidat le plus influent de peur d'encourir sa haine, ou bien à celui qui nous aura promis une faveur quelconque en échange de notre concours pour le faire élire.

QUESTIONNAIRE

1. Est-ce que les électeurs ne sont pas libres de voter pour le candidat qui leur plaît ?

2. La loi ne punit-elle pas les actes qui sont de nature à porter atteinte à la liberté du vote ?
3. Le vote doit-il être seulement libre ?
4. Quelles sont les précautions que les électeurs doivent prendre à l'égard des candidats qui sollicitent leurs suffrages ?
5. A quelle condition notre vote sera-t-il réellement libre et désintéressé ?

SOIXANTE-DIXIÈME LEÇON

Les devoirs des Elus.

Les élus doivent remplir d'abord, par leur présence effective, le mandat qu'ils ont reçu de leurs électeurs et tenir les engagements qu'ils ont pris avant de se faire élire.

Ensuite, il ne faut pas qu'ils oublient qu'ils n'ont pas été élus pour satisfaire leur ambition ou leurs intérêts personnels, mais les intérêts de leurs mandants, ou plutôt, ceux de la France. Ils sont tenus plus que personne à la justice et au dévouement, parce qu'ils jouissent d'une influence plus grande et que leur coopération à la chose publique leur est directement payée, en salaire, en honneur ou en considération. Et s'ils sont parfois embarrassés pour discerner leur devoir, ils n'ont qu'à se rappeler cette parole de Platon : *La politique n'est que la morale écrite en plus gros caractères.*

Les élus du peuple, rétribués, doivent se consacrer exclusivement à la mission qu'ils ont acceptée. Quant à ceux, rétribués ou non, qui s'oublieraient jusqu'à faire trafic de leur mandat, non seulement ils trahiraient la confiance de leurs électeurs, mais, de plus, se mettraient, par un tel acte, au rang des escrocs justiciables de la Cour d'assises.

QUESTIONNAIRE

1. Quel est le principal devoir des Elus ?
2. Pourquoi sont-ils tenus plus que personne à la justice et au dévouement ?
3. Citez les paroles de Platon.
4. Quel est le devoir spécial des Elus du peuple, salariés ?
5. Que pensez-vous de ceux, salariés ou non, qui feraient trafic de leur mandat ?

SOIXANTE ET ONZIÈME LEÇON

La devise républicaine : Liberté.

La plus grande souffrance endurée par nos ancêtres avant 1789, consistait surtout dans la privation complète de libertés : liberté individuelle, liberté de conscience, liberté de travail, etc., que le despotisme royal avait pu étouffer tant que subsistèrent les cachots de la Bastille. Aussi, de peur qu'une réaction quelconque ne vînt ravir à nos pères leur liberté en toutes choses si chèrement acquise, ils s'empressèrent de l'inscrire en tête de leur devise républicaine, nous transmettant ainsi, par acte écrit, cet héritage précieux, qui est la plus noble aspiration d'un peuple civilisé, et que nous devons défendre, au besoin, les armes à la main.

Ne soyons jamais tentés d'abuser de notre liberté faute d'en connaître les limites. Etre libre, ce n'est pas pouvoir faire tout ce que l'on veut, c'est avoir simplement le droit de faire les choses qui ne violent pas la justice.

QUESTIONNAIRE

1. Quelle était la plus grande souffrance endurée par nos ancêtres avant 1789 ?
2. Enumérez les principales libertés que nous tenons de la Révolution.
3. Quelle était, avant cette époque, la punition infligée à ceux qui cherchaient à s'affranchir du despotisme royal ?
4. Quelle a été la pensée de nos pères en inscrivant la liberté en tête de notre devise républicaine ?
5. Etre libre ! Qu'est-ce que cela signifie ?

SOIXANTE-DOUZIÈME LEÇON

La devise républicaine : Egalité.

Après avoir inscrit la Liberté en tête de sa noble devise, la République voulut encore rappeler à tous les Français, que la Révolution en ayant fait des plus humbles d'entre eux des hommes libres, les avait rendus en même temps les égaux de leurs maîtres d'autrefois; puisque de la fusion des trois ordres on était sorti un seul : la Nation.

A cet ordre nouveau, qui n'était rien auparavant, était destiné le pouvoir souverain que le peuple arracha des mains des rois dont il brûla le trône vermoulu.

La République faisant sienne la doctrine du Christ, dit au serf affranchi : *Ce prince de l'Eglise et ce seigneur blasonné sont tes égaux!*

Telle est la signification de l'Egalité qui fait partie de notre devise républicaine.

QUESTIONNAIRE

1. Que voulurent rappeler au peuple les fondateurs de la première République en inscrivant l'Egalité dans sa devise ?
2. Qu'était-ce que le peuple avant la Révolution ?
3. Que devint-il après? et que fit-il ?
4. Quelle est la signification de l'Egalité qui fait partie de notre devise républicaine ?

SOIXANTE-TREIZIÈME LEÇON

La devise républicaine : Fraternité.

Ce n'était pas assez pour la République d'avoir rappelé au peuple issu de la Révolution qu'il était libre et qu'il n'existait plus de castes privilégiées, mais seulement des Français soumis aux mêmes lois; elle voulut compléter son œuvre en unissant la justice à la charité dans sa trilogie républicaine.

Que la Fraternité inscrite dans son immortelle devise le soit surtout dans nos cœurs! afin de prouver aux ennemis de nos institutions actuelles que la République est encore, sous ce rapport, le meilleur des gouvernements, puisqu'en faisant pénétrer dans les masses l'esprit de solidarité, elle assure aux générations de demain la plus grande somme de bonheur possible : la solidarité, bien comprise et résolument appliquée, pouvant seule réduire, à l'inévitable, les maux de toutes sortes auxquels nous sommes exposés.

QUESTIONNAIRE

1. Pourquoi la Fraternité fait-elle partie de notre devise républicaine ?
2. Où doit-elle être inscrite surtout ?
3. Que prouverons-nous alors aux ennemis de la République ?

CHAPITRE VII

DEVOIRS ENVERS NOUS-MÊMES

SOIXANTE-QUATORZIÈME LEÇON

Dualité de nos Devoirs envers nous-mêmes.

Nos devoirs envers nous-mêmes sont de deux sortes : ceux envers notre corps et ceux envers notre âme. Le corps n'étant, en définitive, que le serviteur et l'instrument de l'âme, nos devoirs envers notre corps ont pour but, en réalité, non pas le bien du corps, mais le bien de l'âme; et pour que l'âme soit bien servie, il faut que le corps soit en bon état, c'est-à-dire doué, à la fois, de souplesse et de force.

L'hygiène et la gymnastique associées peuvent remplir ce double but. L'hygiène est l'ensemble des règles que nous devons suivre pour conserver notre santé ou la rétablir, quand elle est compromise. Elle se résume dans ces trois règles ; Propreté, Sobriété, Tempérance.

QUESTIONNAIRE

1. Enumérez nos différents devoirs envers nous-mêmes.
2. Quel est, en réalité, le but de nos devoirs envers notre corps ?
3. A quelle condition l'âme est-elle bien servie ?
4. Y a-t-il quelque chose qui puisse concourir à ce double but ?
5. Qu'est-ce que l'hygiène ?
6. Indiquez les trois règles qui la résument.

SOIXANTE-QUINZIÈME LEÇON

La Propreté.

L'Hygiène nous recommande la Propreté la plus méticuleuse sur nous, chez nous et autour de nous. Nous devons, par conséquent, nous laver le visage et les mains plusieurs fois par jour, et tout le corps aussi souvent que nous le pouvons, changer de linge fréquemment, battre et brosser soigneusement nos effets, les réparer ou les faire réparer lorsqu'il en est besoin, laver souvent le parquet des appartements que nous habitons, permettre au soleil et au grand air de les visiter pendant plusieurs heures chaque jour, nos chambres à coucher principalement.

La Propreté fait supposer à celui qui la pratique des qualités d'un ordre moral plus élevé : le respect de lui-même et le sentiment de sa dignité personnelle. C'est encore une marque de déférence envers autrui.

QUESTIONNAIRE

1. Quelles sont les prescriptions élémentaires d'hygiène que personne ne doit ignorer aujourd'hui ?
2. Pourquoi faut-il que notre corps soit dans un état constant de propreté ?
3. Pour quelles raisons devons-nous aérer les appartements que nous habitons ?
4. Quelles sont les qualités que possèdent ordinairement les personnes propres ?
5. Est-ce respecter une personne que de se présenter sale devant elle ?

SOIXANTE-SEIZIÈME LEÇON

Autres prescriptions élémentaires d'hygiène.

Voici plusieurs autres recommandations que nous fait encore l'Hygiène : Nous vêtir chaudement pendant l'hiver et légèrement pendant l'été, éviter le passage brusque du chaud au froid, ne pas nous coucher ni même nous asseoir sur le sol humide, et pas davantage en plein soleil ; ne pas nous exposer aux courants d'air, ni boire de l'eau froide quand notre corps est en sueur.

Essuyer la poussière déposée sur nos meubles avec un linge humide, qui la retient, au lieu de les épousseter avec un plumeau, pour éviter le danger d'absorber les microbes de certaines maladies qui se trouvent parfois dans la poussière soulevée. Tenir les fumiers et autres immondices, qui empestent l'air, aussi loin que possible de nos habitations comme de nos puits ou fontaines, afin de préserver l'eau potable dont nous nous servons des germes de maladies infectieuses que pourraient y entraîner les eaux pluviales.

L'Hygiène nous recommande aussi de suivre scrupuleusement les prescriptions du médecin quand nous sommes malades, et de ne faire aucune imprudence qui puisse entraver notre guérison.

QUESTIONNAIRE

1. Citez les prescriptions hygiéniques se rapportant principalement à notre corps.
2. Citez également celles se rapportant plutôt au logement que nous occupons.
3. Quelle est la recommandation hygiénique qui nous est faite pour le cas de maladie ?

SOIXANTE-DIX-SEPTIÈME LEÇON

L'Hygiène du nouveau-né.

Il est une Hygiène spéciale, qui tient de la morale et du patriotisme, que tout le monde devrait connaître en France particulièrement, où la natalité est si faible comparée à celle des autres nations. Cette Hygiène spéciale est celle du nouveau-né, résumée en ces quelques conseils :

On fera en sorte que l'enfant vienne au monde dans une chambre bien aérée et suffisamment chauffée et on ne le sortira pas avant le quinzième jour qui suit sa naissance. Pour obéir au vœu de la nature, la mère nourrira elle-même son enfant, à moins que les fatigues de l'allaitement ne compromettent gravement sa santé. Elle ne lui donnera pas d'autre nourriture que son lait. S'il est insuffisant, elle y suppléera par du lait d'ânesse, de vache ou de chèvre. La vache étant sujette à deux maladies contagieuses : la fièvre aphteuse et la tuberculose, on n'emploiera son lait que bouilli ou stérilisé. Il ne faut jamais réveiller l'enfant pour lui donner le sein, excepté qu'il soit très faible ou que son sommeil, pendant le jour, ne se prolonge au-delà de quatre heures. On ne lui donnera pas de nourriture solide avant l'apparition des douze premières dents, si l'on veut le préserver des convulsions et des entérites dont meurent la plupart des enfants. Toutes les pièces du biberon employé seront lavées à l'eau bouillante, chaque fois que l'on s'en est servi, et laissées dans l'eau froide entre l'intervalle des repas. La nourrice ne couchera jamais son nourrisson avec elle, dans la crainte de l'étouffer; elle le laissera reposer dans son berceau placé de manière qu'il ne reçoive le jour, ni de face, ni de derrière. Elle évitera également de le bercer : la moindre commotion du cerveau, à cet âge, pouvant avoir des effets désastreux sur la santé ou sur l'intelligence de l'enfant.

QUESTIONNAIRE

1. Quelle est l'hygiène spéciale que tout le monde devrait connaître en France ?
2. Dans quelles conditions doit se trouver l'enfant qui vient au monde et quand peut-on le sortir ?
3. Quelle est la personne qui doit le nourrir et comment suppléera-t-elle à l'insuffisance de son lait ?
4. Quelle précaution doit-on prendre au sujet du lait de vache ?
5. Dans quel cas peut-on réveiller l'enfant pour lui donner le sein ?
6. Jusqu'à quel moment ne doit-on pas lui donner des aliments solides et pourquoi ?
7. Parlez des soins de propreté à donner au biberon.
8. Citez encore trois autres recommandations auxquelles les nourrices doivent se conformer scrupuleusement.

SOIXANTE-DIX-HUITIÈME LEÇON

L'Hygiène du nouveau-né.

(Suite)

Le lait de la vache doit être coupé de deux

tiers d'eau pendant les huit premiers jours qui suivent la naissance de l'enfant et, par moitié d'eau seulement, jusqu'au deuxième mois. Après, on pourra le donner pur. Il faut se garder de le couper avec des infusions ou des décoctions de plantes ou de graines, si ce n'est dans le cas de diarrhée où l'on peut le mélanger avec une solution de gomme ou une décoction de riz et, s'il y a constipation, avec de l'eau miellée.

Le sevrage devra être pratiqué par degrés, de préférence pendant les saisons tempérées. On ne donnera, au début, que des soupes bien légères, et plus tard, du bouillon ; mais jamais de viande avant l'éruption des grosses dents et, ni vin, ni liqueurs, ni gâteaux, ni sucreries, tant que l'enfant n'est pas complètement sevré. Le corps de l'enfant doit être tenu dans un état constant de propreté. A cet effet, on lui fera prendre, chaque matin, un bain chaud de quelques minutes. On ne laissera pas davantage la crasse s'accumuler sur sa tête. Son petit corps ne devra pas être emprisonné dans un maillot complet. On ne se hâtera pas de faire marcher l'enfant, si l'on veut qu'il n'ait pas les jambes courbées en forme de parenthèses; le mieux est de le laisser se traîner sur une couverture étendue sur le parquet jusqu'à ce qu'il soit assez fort pour se relever tout seul, par conséquent l'usage du chariot doit être proscrit. Il est indispensable de faire vacciner l'enfant dans les trois mois qui suivent sa naissance.

Pour prévenir l'ophtalmie purulente, on lui fera dans chaque œil, deux ou trois jours après sa naissance, la stylisation d'une goutte de nitrate d'argent au cinquantième, et si la maladie est déjà déclarée, on l'isolera immédiatement en ayant soin de lui laver constamment les yeux, malgré ses cris, avec le liquide antiseptique prescrit par le médecin, de manière à ne pas y laisser un atome de pus, si l'on ne veut pas qu'ils soient détruits en quelques jours par cette cruelle maladie. En cas de coryza, empêchant l'enfant de respirer par le nez, on le nourrira à la cuiller.

QUESTIONNAIRE

1. De quelle manière doit-on employer le lait de vache ?
2. Avec quelle substance peut-on le couper et dans quel cas ?
3. Comment et quand le sevrage doit-il être pratiqué ?
4. Parlez des soins de propreté à donner à l'enfant et de la manière de l'emmailloter ?
5. Doit-on se hâter de faire marcher l'enfant ?
6. Quand doit-on le faire vacciner ?
7. Que doit-on faire pour prévenir l'ophtalmie purulente ?
8. Que devront faire les parents si la maladie est déjà déclarée ou si l'enfant est atteint de coryza ?

SOIXANTE-DIX-NEUVIÈME LEÇON

La Tempérance et la Gourmandise.

La Tempérance est une vertu qui nous porte à être modéré dans nos plaisirs, et principalement à être sobre dans le boire et le manger.

L'excès de nourriture alourdit l'estomac et l'esprit, ce qui a fait dire : *estomac plein, tête vide;* expose les gros mangeurs à l'apoplexie, ainsi qu'à une autre maladie douloureuse : la *goutte*. Un estomac trop surchargé se contracte difficilement pour accomplir l'acte de la digestion. De là des dilatations de cet organe, ou bien des *gastralgies* très longues à guérir et qui ont souvent sur le moral une influence funeste.

Il faut manger pour vivre, au lieu de vivre pour manger. — Une personne que la gourmandise porte à faire un Dieu de son ventre, viole les principes de la dignite humaine et descend au niveau de la brute.

Les enfants gourmands, qui abusent de sucreries et d'autres friandises, deviennent sensuels et finissent par se délabrer l'estomac dont ils souffriront cruellement toute leur vie.

QUESTIONNAIRE

1. En quoi consiste la tempérance ?

2. A quoi sont exposés les gros mangeurs ?
3. Parlez des maladies d'estomac qui ont pour cause la surcharge de cet organe.
4. Quel jugement porte-t-on sur les personnes qui font un Dieu de leur ventre ?
5. Que pensez-vous des enfants gourmands ?

QUATRE-VINGTIÈME LEÇON

Dangers de l'Ivrognerie.

L'ivresse est une honte pour la dignité humaine. Il suffit d'avoir vu un ivrogne pour en garder le souvenir toute sa vie ; ce n'est plus un être humain, mais un corps engourdi que l'âme ne gouverne plus. Pendant que sa femme et ses enfants manquent de tout, il boit au cabaret le produit de plusieurs journées de travail, et, lorsqu'il rentre chez lui, il répond par des coups aux lamentations des siens.

Sous l'influence de l'alcool, l'ivrogne devient une bête malfaisante ; il est capable de tous les crimes. Bientôt ses traits se contractent, sa démarche s'alourdit, son intelligence s'obscurcit, le moindre travail lui est rendu impossible ; il perd, enfin, toutes ses facultés, jusqu'à ce qu'une maladie hideuse : *le delirium tremens*, l'emporte en quelques jours, ou *la combustion vitale*, tout aussi hideuse, en moins de temps encore.

A cause de son inconduite, ses enfants sont prédisposés à plusieurs maladies graves et celles qu'il contracte lui-même, sont souvent incurables.

L'ivrogne est donc un misérable !

Une loi sage a tenté de combattre les progrès de l'alcoolisme en France, auxquels on attribue, peut-être à raison, la dégénérescence de la race et la progression de la criminalité. Espérons qu'en dehors de la tâche qui incombe à l'Ecole, les pouvoirs publics finiront par trouver un moyen plus radical d'empêcher l'alcoolisme de ruiner la société.

QUESTIONNAIRE

1. Avez-vous vu un ivrogne ? Si oui, quels sentiments vous a-t-il inspirés ?
2. Quelle est ordinairement la conduite de l'ivrogne avec les siens ?
3. Parlez de sa ruine morale.
4. Quelles sont les maladies causées par l'alcoolisme ?
5. L'ivrogne est-il seul à supporter les conséquences de son inconduite ?
6. Outre l'œuvre moralisatrice attendue de l'Ecole, est-ce que les pouvoirs publics ne pourraient pas intervenir, en pareil cas, plus efficacement qu'ils ne l'ont fait jusqu'à ce jour ?

QUATRE-VINGT-UNIÈME LEÇON

L'abus du Tabac

Le tabac n'est pas moins nuisible à la santé que l'alcool ; il contient un poison violent appelé nicotine qui, absorbé en trop petite quantité pour tuer immédiatement, n'a pas moins une influence funeste sur le moral et sur le physique. Il affaiblit peu à peu l'intelligence et la mémoire, rend les grands fumeurs incapables d'attention soutenue, et de plus, indifférents et égoïstes.

L'abus du tabac détruit les dents ainsi que la ptyaline et les autres ferments digestifs, soit en provoquant outre mesure la sécrétion salivaire, soit en stérilisant la plupart de ces ferments et rend, à cause de cela, les digestions difficiles. Il irrite, en même temps, les parois de l'estomac, fait naître les maladies de cœur et de poitrine, prédispose à la paralysie et même à la folie.

Et puis, que de misères ne pourrait-on pas soulager avec les richesses qui s'en vont en fumée !...

« *Les enfants qui croient se donner des airs*

d'hommes en fumant, sont des sots ou des ignorants ».

QUESTIONNAIRE

1. Quel nom donne-t-on au poison contenu dans le tabac ?
2. Quelle est son influence : — sur le moral ? — sur le physique ?
3. Alors même que le tabac ne serait qu'inutile au lieu d'être nuisible, croyez-vous qu'on ne pourrait pas faire un meilleur usage de l'argent qu'on y consacre ?
4. Que pensez-vous des enfants qui croient se donner des airs d'hommes en fumant ?

QUATRE-VINGT-DEUXIÈME LEÇON

Désordres produits par l'opium, l'éther et la morphine.

Il est inutile de nous mettre en garde contre la passion de fumer de l'opium, sorte de drogue plus funeste encore à la santé que le tabac, attendu que les peuples de l'Extrême-Orient seuls, font usage de ce narcotique. Mais depuis quelques années, sous le prétexte de combattre des spasmes nerveux, un certain nombre de nos compatriotes poussent l'anglomanie au point de prendre, comme nos voisins, de l'éther à tout propos. Cette substance, qui provient d'une combinaison d'alcool et d'acide sulfurique, irrite profondément la muqueuse de l'estomac, tout en provoquant l'ivresse, et produit en peu de temps sur l'organisme des désordres irréparables. Il en est de même de la morphine, tirée de l'opium, employée en injections sous cutanées pour endormir les douleurs violentes ou pour obtenir une ardeur factice.

Les personnes qui abusent de cette substance, font d'abord preuve de manque de courage devant la souffrance ; et puis, le corps finissant par s'habituer à toutes les drogues, elles sont obligées de s'en inoculer des doses de plus en plus grandes pour en ressentir les effets, de sorte qu'au lieu de mourir de leur maladie, elles meurent du reméde employé pour la combattre.

QUESTIONNAIRE

1. Qu'est-ce que l'opium ? Quels sont les peuples qui en font usage et dans quel but ?
2. Comment désigne-t-on les personnes qui abusent de l'éther ?
3. Indiquez la provenance de cet anesthésique et son emploi.
4. Quelle est son action sur l'estomac et sur l'organisme ?
5. D'où provient la morphine ? Comment et pourquoi l'emploie-t-on ?
6. Comment jugez-vous la conduite des personnes qui abusent de cette drogue ?

QUATRE-VINGT-TROISIÈME LEÇON

Utilité de la Gymnastique

La gymnastique est l'ensemble des exercices propres à assouplir et à fortifier notre corps, comme par exemple : la marche, le saut, la course, l'ascension d'une montagne, la natation, l'escrime etc., enfin, les mouvements exécutés à l'aide des appareils dits de gymnastique. Ces différents exercices sont autant de moyens propres à développer la souplesse et la force du corps. C'est parce que les Romains étaient endurcis à la fatigue, qu'ils ont conquis presque tout l'ancien monde et laissé sur leur passage ces monuments grandioses qui nous confondent d'admiration. C'est en partie parce que les Allemands s'exerçaient depuis longtemps à la gymnastique, que nous avons été vaincus en 1870.

Vous tous, enfants, qui serez soldats un jour, préparez-vous aux luttes futures en devenant lestes, forts, bon marcheurs et bons tireurs.

Le législateur a bien fait de rendre l'enseignement de la gymnastique obligatoire même dans les écoles de filles ; car, bien que les femmes ne soient pas appelées à combattre sur les champs de bataille, une forte constitution ne leur est pas moins nécessaire qu'aux hommes, afin de donner à la Patrie des enfants robustes et vigoureux.

QUESTIONNAIRE

1. Donnez la définition de la gymnastique.
2. Quel est son but ?
3. Quels ont été les résultats obtenus par les peuples qui l'ont pratiquée ?
4. Citez les qualités que doivent acquérir tous les enfants de France.
5. L'enseignement de la gymnastique n'est-il obligatoire que pour les garçons ? Pourquoi ?

QUATRE-VINGT-QUATRIÈME LEÇON

Le travail en tant que mesure d'hygiène

L'oisiveté, dit un proverbe, use plus vite que le travail. S'il est incontestable que nos organes acquièrent de la force et de la souplesse par la pratique d'un exercice modéré, il en serait tout autrement si nous soumettions notre corps à un travail au-dessus de ses forces.

Le premier devoir envers notre corps étant de le conserver en bon état aussi longtemps que possible, nous devons, pour atteindre ce but, nous nourrir convenablement, travailler sans excès, avoir l'esprit et la conscience tranquilles, être contents de notre sort, mener une vie régulière et ne pas oublier : « *Que se coucher de bonne heure et se lever matin rend santé robuste et donne chance de longue vie.*

QUESTIONNAIRE

1. Savez-vous pourquoi l'oisiveté use plus vite que le travail ?
2. A quelles conditions nos organes acquièrent-ils de la force et de la souplesse ?
3. Quel est le premier devoir envers notre corps ?
4. Que devons-nous faire pour atteindre ce but ?

QUATRE-VINGT-CINQUIÈME LEÇON

Condamnation de la mutilation volontaire et du suicide.

Si la morale nous fait une obligation de donner à notre corps les soins nécessaires à sa conservation, à plus forte raison nous interdit-elle de le mutiler, comme le font quelques mauvais patriotes, afin de se soustraire aux obligations du service militaire. Ce sont des lâches sur qui retombe le mépris public. Ne sont pas moins lâches ceux qui demandent à la mort la fin de leurs souffrances et de leurs misères. Le suicide est plus qu'une lâcheté, c'est une désertion. Chacun de nous étant appelé à remplir un rôle plus ou moins important dans la société, celui qui porte atteinte à ses jours, vole, par ce fait, la société tout entière.

En n'accomplissant qu'une partie de sa mission, il nuit, en outre, à l'ordre universel auquel son existence était nécessaire et jette de la sorte, un défi à Dieu en s'opposant à la réalisation de ses desseins.

QUESTIONNAIRE

1. Que nous interdit la morale ?
2. Que pensez-vous de ceux qui se mutilent pour échapper au service militaire ?
3. Que pensez-vous de ceux qui se tuent ?
4. Prouvez qu'aucun individu n'a le droit de disposer de sa vie.
5. Outre la question de vol fait à la société par celui qui se tue, ne porte-t-il pas atteinte à quelque chose d'un ordre plus élevé ?

CHAPITRE VIII

L'Ame. – Nos devoirs envers elle

QUATRE-VINGT-SIXIÈME LEÇON

Premier devoir envers notre âme. Ses Facultés.

L'âme est immatérielle et distincte de notre corps. C'est elle qui sent, pense, raisonne et commande. Le premier devoir de l'âme envers elle est de chercher à se connaître : la connaissance de soi-même étant le commencement de la sagesse. En effet, puisque cette idée exacte de notre soi-même intérieur, en nous éclairant sur nos devoirs, nos besoins et nos ressources aura nécessairement pour résultat de nous rendre modestes. Il ne peut en être autrement, car l'expérience de chaque jour nous prouve que l'accomplissement de nos devoirs multiples n'est pas toujours chose facile, vu le nombre de nos défauts, de nos passions et de nos besoins. Or, comme la modestie est l'indice certain de la bonne éducation, du bon goût et de l'intelligence, il n'est pas surprenant que les ignorants et les sots soient les seuls à en manquer.

L'âme manifeste son existence par l'usage de ses facultés qui, au nombre de trois, ont pour noms : sensibilité, intelligence et volonté.

QUESTIONNAIRE

1. Qu'est-ce que l'âme ?
2. Quel est le premier devoir de l'âme envers elle-même ?
3. A quel résultat nous conduit la connaissance de notre soi-même intérieur ?
4. Pourquoi devons-nous être modestes ?
5. Quels sont les gens qui manquent de modestie ?
6. De quelle manière l'âme manifeste-t-elle son existence ?

QUATRE-VINGT-SEPTIÈME LEÇON

Devoirs relatifs à la sensibilité

La sensibilité est la faculté d'éprouver de la douleur et du plaisir. Nous sommes obligés d'accepter le lot de douleurs qui nous est échu en partage ; mais si grandes que soient ces douleurs, elles ne doivent jamais nous abattre. Notre devoir est d'appeler la résignation à notre aide ; elle en diminue l'intensité mieux que nos larmes et nos regrets.

La morale ne nous interdit pas les plaisirs purs et honnêtes ; ils sont même un contrepoids nécessaire à nos chagrins et à nos misères. Ce qu'elle nous commande, c'est d'en user avec modération.

Les ennemis de notre sensibilité sont nos passions dont nous devons être les maîtres.

« *L'homme qui se laisse gouverner par elles n'agit plus, il est agi.* »

QUESTIONNAIRE

1. Donnez la définition de la sensibilité.
2. Quelle doit-être notre conduite en face de la douleur ?
3. La morale nous interdit-elle les plaisirs ?
4. Que nous commande-t-elle à ce sujet ?
5. Quels sont les ennemis de notre sensibilité ?

QUATRE-VINGT-HUITIÈME LEÇON

La Douceur et la Bonté.

Rien ne nous attire la sympathie d'autrui comme la douceur et la bonté. Ces deux qualités que nous aimons tant à rencontrer chez les autres, et principalement chez les personnes d'un rang plus élevé que le nôtre, contribuent beaucoup à nous les faire aimer, sans que nous les respections moins pour cela.

La douceur accompagnée de la bonté est une force invincible, quand elle n'est pas affectée; elle est aussi un des caractères distinctifs de la véritable vertu. Par elle, on se concilie l'affection de tous, comme par le dévouement on rend cette affection inaliénable.

C'est à nous de combattre nos moindres mouvements d'impatience, afin d'acquérir la douceur, et avec elle la bonté; car si la bonté peut exister sans la douceur, on peut dire que c'est ordinairement par la douceur qu'elle se manifeste.

QUESTIONNAIRE

1. Par quoi gagne-t-on ordinairement la sympathie d'autrui?
2. Chez quelles personnes la douceur et la bonté nous paraissent-elles avoir encore plus de prix?
3. Quel doit être le caractère de la douceur?
4. De quelle manière pouvons-nous acquérir la douceur et la bonté?

QUATRE-VINGT-NEUVIÈME LEÇON

La Délicatesse

La délicatesse des manières ne s'apprend pas comme une leçon, c'est plutôt une question de tact dont seules connaissent la mesure, les personnes douées d'assez de sensibilité pour souffrir davantage des blessures qu'elles font que de celles qu'elles reçoivent.

Etre délicat, c'est épargner à un ami la peine de nous demander quelque chose qu'il désire et que nous pouvons lui donner. C'est lui venir en aide au moment opportun en cherchant à lui faire croire que le plus heureux des deux c'est nous qui pouvons l'obliger. C'est aussi savoir se taire à propos quand toute parole serait inutile ou superflue. C'est encore parler quand il le faut, en atténuant au besoin la vérité, si nous supposons qu'elle puisse blesser les personnes à qui nous la dirions sans ambages.

QUESTIONNAIRE

1. Quand on n'est pas délicat naturellement peut-on le devenir comme on devient instruit à force de travail ?
2. Citez quelques actes qui révèlent des sentiments délicats de la part de celui qui les accomplit.

QUATRE-VINGT-DIXIÈME LEÇON

La générosité.

La générosité est cette grandeur d'âme dont les natures nobles font preuve en pardonnant tout le mal qu'on leur a fait ou qu'on a cherché à leur faire. C'est la qualité que possède au plus haut degré la nation française. Nous, Français, sommes généreux sans effort, sans culture morale même ; nous tendons immédiatement une main amie à l'adversaire d'hier, à l'ennemi vaincu et nous perdons jusqu'au souvenir du mal qu'il nous a fait. Soyons fiers de cette qualité chevaleresque que tous les peuples nous reconnaissent et ne la pratiquons pas seulement à l'égard des étrangers. Oublions, plus facilement encore, les offenses qui nous viennent de la part de nos concitoyens, sans avoir à craindre d'être traités de lâches à cause de cela ; car il faut plus de courage pour aller au devant d'une réconciliation que pour recevoir bravement un coup d'épée. Ce qui prouve la vérité de cette parole : « *L'homme n'est jamais si grand que lorsqu'il pardonne.* »

QUESTIONNAIRE

1. Donnez la définition de la générosité.
2. Quel est le peuple le plus généreux du monde ?
3. Comment se manifeste la générosité ?
4. A l'égard de qui devons-nous être généreux ?
5. Ne faut-il pas du courage pour aller au devant d'une réconciliation ?
6. Dans quelle circonstance l'homme se montre-il réellement grand!

QUATRE-VINGT-ONZIÈME LEÇON

La Crainte et la Honte

La crainte est un sentiment qui nous empêche d'être nous-mêmes et qui peut paralyser, à certains moments, toutes nos facultés.

S'il est indispensable de savoir se connaître pour ne pas avoir la fatuité de se croire un être supérieur, il est bon cependant de ne pas trop douter de soi pour avoir le courage d'entreprendre quelque chose.

La crainte est synonyme de honte quand l'une et l'autre servent à désigner une excessive timidité.

Quant à la honte qu'éprouve à paraître en public l'homme qui a commis une faute, elle prouve mieux que des larmes abondantes que le vice n'a pas tari en lui le sentiment de l'amour propre, au moyen duquel il est toujours possible de racheter un moment d'oubli par une vie exempte de reproches.

QUESTIONNAIRE

1. Qu'est-ce que la crainte ?
2. N'est-ce pas un mal que d'être craintif en certains cas ?
3. Quand est-ce que la crainte est synonyme de honte ?
4. Quelle est la honte particulière qu'éprouve à paraître en public l'homme qui a commis une faute ?
5. Que prouve-t-elle ?

QUATRE-VINGT-DOUZIÈME LEÇON

L'égoïsme.

L'égoïsme est l'amour de soi porté jusqu'à

l'oubli complet des autres. Aucun sentiment, n'est plus contraire à l'esprit de charité, c'est-à-dire à l'altruisme qui est le bonheur de soi fait du bonheur d'autrui. L'égoïste rapporte tout à lui, n'aime que lui, pourvu que son coffre soit bien garni, sa table bien servie, ses habits en bon drap, son lit moelleux et sa maison bien close, peu lui importe que son voisin soit dénué de tout, couvert de haillons etcouché sur un grabat dans sa maison en ruines ouverte à tous les vents. Il est gras et dodu, lui, tous ses désirs sont satisfaits, les gémissements des malheureux ne parviennent pas jusqu'à ses oreilles ; peut-il désirer autre chose ?

Les gens de cette espèce meurent comme ils ont vécu : détestés et méprisés de tous. Pas un ami ne les accompagne à leur dernière demeure, pas une larme ne coule sur leur tombeau où devrait être inscrite cette épitaphe :

« *Ci-gît un égoïste* ».

QUESTIONNAIRE

1. Donnez la définition de l'égoïsme.
2. A quel autre sentiment est-il opposé ?
3. Faites le portrait de l'égoïste.
4. Comment meurent les gens de cette espèce ?
5. Quelle épitaphe devrait-on inscrire sur leur tombeau ?

QUATRE-VINGT-TREIZIÈME LEÇON

La Colère et ses dangers.

La colère, a dit un ancien, est une courte folie. En effet, il n'y a pas de passion plus redoutable ; elle nous rend pareils à des enragés et dangereux pour nos semblables. Sous l'empire de la colère un homme prononce des paroles ou se livre à des actes qu'il regrette amèrement lorsqu'il est de sang froid. Dans l'accès de son emportement il peut commettre des actions irréparables : insulter les personnes qu'il aime le mieux et auxquelles il doit le plus de respect, et s'oublier même jusqu'à porter sur elles une main criminelle.

Si nous avons la moindre disposition à nous mettre en colère, défions-nous de nous-mêmes ; réprimons notre premier moment d'irritation ; éloignons-nous de ceux qui nous ont excités, et taisons-nous. Le silence est, en pareil cas, le meilleur des calmants. Gardons-nous d'agir tant que nous sommes en colère.

> Entre notre colère et l'objet qui la suit,
> Laissons toujours au moins l'espace d'une nuit.

Si ce sont nos parents ou nos maîtres qui nous grondent, s'emporter contre eux serait une faute très grave; car s'ils nous corrigent c'est qu'ils nous aiment et qu'ils voudraient nous voir parfaits.

QUESTIONNAIRE

1. Quelle est, d'après un ancien, la définition de la colère ?
2. Cette définition est-elle juste ?
3. Quelles sont les fautes que peut commettre un homme en colère ?
4. Que devons-nous faire si nous avons la moindre disposition à nous mettre en colère ?
5. Que pensez-vous d'un enfant qui oserait s'emporter contre ses parents ou contre ses maîtres ?
6. Dans quel but, les uns et les autres nous grondent-ils ?

QUATRE-VINGT-QUATORZIÈME LEÇON

L'abus de la force et le duel.

Quiconque abuse de sa force contre quelqu'un de moins fort que lui est un brutal et un lâche. Avoir roulé un adversaire, cela ne prouve pas qu'on eût la raison pour soi, mais simplement qu'on a été le plus fort. La généralisation des combats singuliers serait la négation même du droit et le retour aux temps barbares où la raison du plus fort faisait la loi.

Dans aucun cas, l'homme n'a le droit de se faire justice lui-même, pas même pour défendre son honneur : les tribunaux étant chargés de ce soin. Ainsi, celui qui tue son adversaire en duel sous prétexte qu'étant attaqué il doit se défendre, fait un raisonnement faux. Dans le cas de légitime défense, nous usons d'un droit réel en défendant notre vie menacée, sans avoir même le temps de réfléchir ; tandis que nous ne prenons la résolution de nous battre en duel qu'après réflexion. Donc absence d'un péril imminent et possibilité de la réflexion : voilà la différence entre la légitime défense et le duel ; ce qui rend la première excusable et le second criminel.

QUESTIONNAIRE

1. Que pensez-vous de celui qui abuse de sa force contre quelqu'un de moins fort que lui ?
2. Avoir roulé un adversaire, qu'est-ce que cela prouve ?
3. Qu'adviendrait-il si les combats singuliers se généralisaient ?
4. L'homme a-t-il le droit de se faire justice lui-même ?
5. Quelle différence faites-vous entre la légitime défense et le duel ?

QUATRE-VINGT-QUINZIÈME LEÇON

Le Repentir et le Remords.

Le repentir est le regret sincère d'avoir commis une faute, suivi du ferme propos de ne plus la commettre. Le repentir est, par conséquent, l'élément de progrès moral par excellence, puisqu'il a pour effet de nous perfectionner dans la vertu.

Le remords est un cri de nôtre conscience qui nous reproche une faute grave ordinairement irréparable. Le remords, chez les grands criminels, n'amène que rarement le repentir; car l'assassin, par exemple, qui croit entendre les gémissements et les râles entrecoupés de sa victime, qui voit suspendre sur sa tête le fer du châtiment, accuse presque toujours Dieu de cruauté pour les tourments moraux qu'il endure. Il oublie, le misérable, que cette expiation partielle de son crime est une manifestation de la justice divine qui se charge de punir, même ici bas, les fautes qui échappent à la justice humaine.

QUESTIONNAIRE

1. Qu'est-ce que le repentir ?
2. Quels en sont les effets ?
3. Qu'est-ce que le remords ?
4. Amène-t-il souvent le repentir chez les grands criminels ?
5. Pour quelle raison ?
6. Quelle est la mission de la justice divine, en ce qui concerne les crimes impunis ?

QUATRE-VINGT-SEIZIÈME LEÇON

Devoirs relatifs à la sensibilité.

Nécessité de l'éducation et de l'instruction.

Pour nous perfectionner dans la vertu, Franklin nous conseille d'examiner notre conscience chaque soir, afin de nous rendre compte de nos fautes de la journée. Ce conseil est excellent, mais pour le mettre à profit il est indispensable de connaître exactement tous nos devoirs.

Qu'est-ce qui éclairera notre conscience et l'affermira dans les bons principes ? L'éducation. Qu'est-ce qui nous empêchera de prendre pour argent comptant tout ce qu'on voudra nous faire accroire ? L'instruction. Or, si nous sommes réellement instruits, nous n'admettrons comme vérités que des choses certaines, et non sans les avoir soumises au contrôle de la raison.

L'ignorant n'est pas seulement dans l'impossibilité d'user de ce procédé ; mais il est pendant toute sa vie, quelle que soit sa fortune, l'inférieur au point de vue moral des personnes instruites, et très souvent la proie du premier venu.

L'ignorance est encore, d'après Bossuet, « *la plus dangereuse des maladies de l'âme et la source de toutes les autres* ».

QUESTIONNAIRE

1. Que nous conseille Franklin pour nous pefectionner dans la vertu ?
2. A quelle condition pouvons--nous user de ce conseil ?
3. Quel est le rôle de l'éducation et celui de l'instruction ?
4. Comment agirons-nous si nous sommes réellement instruits ?
5. Quelle est la situation de l'ignorant dans la société ?
6. De quelle manière Bossuet définit-il l'ignorance ?

QUATRE-VINGT-DIX-SEPTIÈME LEÇON

La superstition et les préjugés.

Une des missions les plus importantes de l'école primaire actuelle est de faire disparaître ces superstitions populaires et ces préjugés stupides qui n'ont eu de prise sur l'esprit du peuple que tout autant qu'il était ignorant. Si la vraie pitié est légitime, par contre, la superstition est mauvaise et dangereuse. En outre, se montrer superstitieux, c'est faire injure à Dieu, ou tout au moins, c'est le rapetisser singulièrement. N'est-ce pas l'injurier que de le croire assez méchant pour nous envoyer un grand malheur si nous avons la maladresse de briser une glace, de renverser une salière ? ou bien, si les circonstances veulent que nous soyons treize à table ou que nous entreprenions quelque chose le vendredi ?

« *Le superstitieux est comme l'enfant qui a peur de la nuit : La lumière du soleil dissipe tous les prétendus fantômes et la lumière de la science fera disparaître toutes les superstitions.*

QUESTIONNAIRE

1. Citez une des missions les plus importantes de l'école primaire actuelle.
2. Quelle différence y a-t-il entre la vraie piété et la superstition ?
3. Prouvez que se montrer superstitieux c'est faire injure à Dieu.
4. A qui peut-on comparer le superstitieux ?
5. Qu'est-ce qui fera disparaître toutes les superstitions ?

QUATRE-VINGT-DIX-HUITIÈME LEÇON

L'amour de la vérité.

La vérité est faite pour notre intelligence comme la lumière pour notre œil. En effet, l'intelligence vit de vérité comme notre corps vit du pain que nous mangeons. L'âme trouve dans la connaissance de la vérité le repos et la joie qu'elle cherche et dont elle ne peut se passer. Cette connaissance ne s'acquiert que par la réflexion et l'étude.

A toutes les époques et dans tous les pays

civilisés, des hommes éminents, stimulés par leur curiosité instinctive, ont consacré leur savoir, leurs veilles, leur santé à la recherche de la vérité. Ils n'ont eu ni trêve ni repos qu'ils n'aient résolu à leur manière le problème complexe de la nature et de la vie.

Chacun de nous obéissant au même instinct, après s'être inspiré des principes posés par les penseurs qui l'ont précédé, se trace lui-même la voie qu'il croit être la meilleure, et qui l'est en réalité si notre intelligence n'est plus jamais torturée par le doute.

QUESTIONNAIRE

1. Dites ce qu'est la vérité par rapport à l'intelligence.
2. Qu'est-ce que l'âme trouve dans la connaissance de la vérité ?
3. Comment s'acquiert cette connaissance ?
4. Prouvez que l'amour de la vérité est instinctif chez l'homme.
5. A quel signe pouvons-nous reconnaître si nous sommes dans le vrai ?

QUATRE-VINGT-DIX-NEUVIÈME LEÇON

Respect de la parole donnée.

N'engageons jamais notre parole avant d'avoir sérieusement réfléchi, mais quand nous l'avons donnée à quelqu'un, n'ayons garde de la retirer. La parole d'un homme d'honneur vaut un acte écrit ; la différence n'est que dans la forme.

Rien au monde n'est tant apprécié qu'un homme sur la parole duquel on peut compter en toutes circonstances. On n'hésite pas un instant à lui accorder une entière confiance, parce qu'on a la certitude qu'il en est digne et qu'il ne peut cesser de la mériter.

QUESTIONNAIRE

1. Doit-on engager sa parole à la légère ?
2. Quand on l'a donnée à quelqu'un, est-il permis de la retirer ?
3. Quelle différence y a-t-il entre la parole d'un homme d'honneur et un acte écrit ?
4. Apprécie-t-on les hommes qui ne manquent jamais à leur parole ?
5. Pourquoi n'hésite-t-on pas à leur accorder une entière confiance ?

CENTIÈME LEÇON

La probité.

Nul ne peut prétendre au titre d'honnête homme s'il n'est d'une probité absolue. Que les biens de notre prochain ne nous fassent pas envie, quand même ils contrasteraient avec notre pauvreté. Contentons-nous de revendiquer ceux qui sont notre propriété légitime ; non par peur des gendarmes, mais parce que notre conscience nous ferait un crime de nous attribuer illégalement un bien appartenant à un autre.

Celui qui garde un objet trouvé commet un vol véritable que rien n'atténue ; attendu qu'il bénéficie de la chose trouvée comme s'il l'avait volée, sans s'exposer au danger d'être arrêté comme voleur, en se l'appropriant.

Toute personne probe qui trouve un objet quelconque, doit s'empresser de le rendre à son propriétaire, ou bien, le déposer à la Mairie ou au commissariat de police si elle ne connaît pas celui qui l'a perdu.

QUESTIONNAIRE

1. Quelle qualité faut-il posséder pour pouvoir prétendre au titre d'honnête homme ?
2. Devons-nous envier le bien d'autrui ?
3. De quoi devons-nous nous contenter ? et pourquoi ?
4. Que pensez-vous de celui qui garde un objet trouvé ?
5. Que doit-on faire d'un objet trouvé ?

CENT-UNIÈME LEÇON

La sincérité et l'hypocrisie.

A la probité, qui est le respect intégral des droits d'autrui, joignons la sincérité, c'est-à-dire l'habitude de parler et d'agir avec franchise. Si l'on n'est pas obligé de dire tout ce que l'on pense, ce qui serait un mal quelquefois, il faut penser au moins tout ce qu'on dit. Un homme franc n'est jamais à redouter, fut-il notre ennemi ; par contre, méfions-nous de ces fourbes à l'air doucereux qui cherchent à s'immiscer dans les affaires des autres en leur prodiguant des flatteries à tout propos. Quelques-uns ont toutes les audaces, y compris celle de serrer la main loyale que leur tend un homme d'honneur, alors qu'ils viennent de lui faire le plus de mal possible. Démasquons sans pitié tous les hypocrites qui agissent de la sorte, nous les mettrons hors d'état de nuire, et ne nous empressons pas d'accorder notre confiance aux premiers venus, afin de ne pas nous exposer à la donner à de vulgaires fripons qui pourraient nous faire repentir de notre imprudence.

QUESTIONNAIRE

1. Donnez la définition de la probité et celle de la sincérité.
2. En quoi consiste la sincérité ?
3. Un homme franc est-il à redouter ?
4. Par contre, de qui devons-nous nous méfier ?
5. Comment devons-nous agir à l'égard des hypocrites ?
6. Quelle doit être notre conduite concernant les personnes que nous connaissons à peine ?

CENT-DEUXIÈME LEÇON

La prudence.

La prudence est une qualité qui nous permet d'arriver à nos fins en évitant tout danger. Nous nous devons à nous-mêmes de faire attention à nos actes et d'en calculer les conséquences. Nous devons agir avec réflexion et avec prudence, aussi bien dans l'intérêt des autres que dans notre propre intérêt.

Il est des circonstances où la prudence exige, quoi qu'en disent divers moralistes, que nous acceptions certaines privations, que nous supportions même certaines souffrances pour éviter un mal plus grand ou pour éprouver un plaisir prochain.

N'entreprenons rien à la légère. Réfléchissons beaucoup avant de prendre une détermination, nous nous épargnerons bien des mécomptes.

Combien de gens attribuent à leur mauvaise chance, la perte de leur réputation ou celle de leur situation, alors qu'ils devraient l'imputer à leur défaut de prudence !

QUESTIONNAIRE

1. Donnez la définition de la prudence.
2. Qu'exige la prudence dans certaines circonstances ?
3. Comment agirons-nous si nous sommes réellement prudents ?
4. A quoi devons-nous imputer la plupart des pertes de toute nature que nous déplorons ?

CENT-TROISIÈME LEÇON

La discrétion.

La discrétion se manifeste par une retenue judicieuse dans les paroles et dans les actions.

C'est une des qualités les plus précieuses, si l'on tient compte des inimitiés entre individus qu'une parole indiscrète fait naître.

Raconter pour le seul plaisir de bavarder les méfaits d'autrui dont nous avons entendu parler ou que le hasard nous a fait surprendre, c'est mal ; mais divulguer un secret, c'est trahir indignement les personnes qui nous l'ont confié. Dans tous les cas, les bavards sont, pour le moins, ridicules et odieux, puisqu'on se moque d'eux tout en les détestant avec juste raison, et quelquefois ils sont dangereux, car en révélant leurs secrets ou ceux des autres, ils s'exposent à de fâcheuses mésaventures.

Une personne discrète ne cherche jamais à connaître par des procédés indélicats les choses qu'on veut lui laisser ignorer. Elle reste à l'écart de toute conversation tenue à voix basse ou à mots couverts et se garde de faire des questions importunes. Elle n'entre dans les appartements habités qu'après y avoir été autorisée et ne prolonge pas ses visites outre mesure.

Si nous ne voulons pas être taxés d'indiscrétion, imitons la conduite du sage : Ecoutons, quand il le faut, mais parlons très peu.

QUESTIONNAIRE

1. Comment se manifeste la discrétion ?
2. Est-ce une qualité bien précieuse ?
3. Dans quel cas l'indiscrétion est-elle une faute très grave ?
4. Démontrez que le bavard est ridicule, odieux et parfois dangereux.
5. De quelle manière se conduit une personne discrète ?
6. Que devons-nous faire pour ne pas être taxés d'indiscrétion ?

CENT-QUATRIÈME LEÇON

La curiosité.

Il y a deux sortes de curiosité : l'une, qui a pour effet d'augmenter notre savoir en faisant naître en nous le désir de connaître les choses que nous ignorons. Cette curiosité est légitime et doit être encouragée chez les enfants ; elle doit même être provoquée lorsque leur apathie naturelle l'empêche de se manifester.

L'autre sorte de curiosité, par contre, est un des plus tristes défauts dont une personne puisse être affligée. Cette dernière se manifeste par des actes que la morale condamne en termes énergiques ; comme par exemple : de lire une lettre qui ne nous est pas adressée, d'écouter aux portes pour chercher à surprendre les secrets d'autrui, de regarder par le trou des serrures etc.

De telles actions sont le fait des personnes lâches et sans dignité que les honnêtes gens s'abstiendront de fréquenter.

QUESTIONNAIRE

1. Combien y-a-t-il de sortes de curiosité ?
2. Que savez-vous de la première ?
3. Comment se manifeste l'autre sorte de curiosité ?
4. Qualifiez la conduite des curieux de ce genre.

CENT-CINQUIÈME LEÇON

Le mensonge et le faux témoignage.

L'enfant qui ment pour cacher une faute, ne fait que l'aggraver, attendu qu'en mentant il ajoute une deuxième faute à la première. En même temps qu'il est averti par sa conscience, il reçoit un avertissement plus dur encore, celui du mépris qu'il inspire aux personnes qui l'entendent mentir et qui n'ajouteront plus foi en ses paroles.

« *L'homme qui dit toujours la vérité est semblable à un lac limpide et transparent qui reflète dans ses eaux une partie du ciel bleu.* »

Les mensonges sont plus ou moins graves.

Celui, par exemple, appelé « *faux témoignage* » qui peut coûter la vie à un innocent, est de beaucoup le plus monstrueux. Mais si bénins que paraissent certains mensonges, il vaut mieux s'abstenir d'en dire, pour ne pas s'habituer insensiblement à mentir à tout propos.

QUESTIONNAIRE

1. Que fait l'enfant qui ment pour cacher une faute ?
2. Quelles sont les conséquences de sa conduite ?
3. A quoi peut-on comparer l'homme qui dit toujours la vérité ?
4. Est-ce que les mensonges ont tous la même gravité ?
5. Quel est le plus monstrueux de tous les mensonges ?
6. Pourquoi ne faut-il jamais mentir ?

Devoirs relatifs à la sensibilité.

CENT-SIXIÈME LEÇON

Définition de la volonté.

La volonté est cette puissance de l'âme par laquelle se manifeste ce « *je veux* » impératif qui commande à toutes nos actions.

Un acte de volonté est toujours précédé d'un acte plus ou moins complexe d'intelligence dont l'homme seul est capable, c'est à cause de cela « *que la volonté est le don le plus précieux que l'homme ait reçu de la Providence, comme elle est aussi la manifestation la plus énergique de sa nature.* »

Ce qui donne à la volonté sa valeur morale, c'est qu'elle est parfaitement libre, puisque les divers moments de tout acte volontaire : la conception de l'acte, la délibération, la résolution et l'exécution sont autant d'actes libres pris chacun séparément.

Or, s'il dépend de nous d'opposer notre volonté à nos désirs déréglés, c'est-à-dire de ne vouloir que le bien ou ce qui est raisonnable, résistons à toute influence extérieure capable de nous porter au mal, nous parviendrons à faire le bien sans efforts, sous l'influence de l'habitude que notre volonté aura fait naître.

QUESTIONNAIRE

1. Qu'est-ce que la volonté ?
2. Croyez-vous qu'un aliéné soit capable de volonté ?
3. Pourquoi ?
4. Qu'est-ce qui donne à la volonté sa valeur morale ?
5. De quoi est précédée l'exécution d'un acte quelconque ?
6. Quels devoirs nous impose notre volonté libre ?

CENT SEPTIÈME LEÇON

L'exactitude.

L'exactitude est la ponctualité avec laquelle nous remplissons les obligations qui nous incombent. L'exactitude est une qualité qui tient de l'ordre et de la politesse. Etre exact, c'est entreprendre à l'heure précise les travaux de notre profession sans jamais invoquer aucun prétexte pour les ajourner à plus tard. L'exactitude est donc la qualité, qui avec l'ordre et l'économie, amène le plus tôt l'aisance. D'abord, parce que l'ouvrier exact exécute le travail très rapidement; ensuite, parce que la certitude d'être servi à jour nommé, finit par lui attirer les meilleurs clients de ses concurrents moins actifs. Etre exact enfin, c'est être poli. Et s'il est vrai que l'exactitude est la politesse des rois, elle devrait bien aussi être la nôtre ; car rien n'est plus grossier que de se faire attendre à une réunion quelconque où l'on est invité, ou bien, de ne donner que plusieurs jours après un renseignement attendu le jour même.

Soyons donc exacts en toutes choses, nous acquerrons fortune et considération.

QUESTIONNAIRE

1. Qu'est-ce que l'exactitude ?
2. L'exactitude n'a-t-elle pas un double caractère ?
3. Dans quel cas l'exactitude tient-elle de l'ordre ?
4. A quoi l'exactitude mène-t-elle l'ouvrier et pour quelles raisons ?
5. Prouvez qu'être inexact c'est être impoli.

CENT HUITIÈME LEÇON

La persévérance.

La persévérance est la constance dont on fait preuve en poursuivant sans relâche le but qu'on s'est proposé d'atteindre. Cette qualité forme le fonds du caractère anglo-saxon ; elle a fait la fortune de tous les grands hommes de cette nation qui l'avaient prise pour devise.

La persévérance exige, il est vrai, beaucoup de courage et d'énergie ; mais si grandes que soient les difficultés rencontrées par les personnes réellement persévérantes, celles-ci finissent toujours par les vaincre, grâce à leur force de caractère et à leur énergie.

Il est prudent de ne jamais entreprendre une chose qui est au-dessus de nos forces ; mais quand nous l'avons entreprise, ayons le courage de ne pas l'abandonner sans l'avoir menée à bonne fin : c'est en cela que consiste la persévérance.

QUESTIONNAIRE

1. Donnez la définition de la persévérance.
2. Quel est le peuple qui a donné le plus de preuves de persévérance ?
3. Quelles sont les autres qualités des personnes persévérantes ?
4. Y a-t-il des difficultés qu'elles ne finissent pas par surmonter ?
5. En quoi consiste la persévérance ?

CENT NEUVIÈME LEÇON

Le besoin d'activité et l'esprit d'initiative.

L'esprit d'initiative est une sorte d'ardeur qui nous porte à faire plus ou mieux que ce qui a été fait jusqu'à nous. Rien n'est plus fécond en résultats que ce sentiment, il engendre les découvertes, inspire aux savants leurs recherches laborieuses, aux commerçants et aux industriels leurs entreprises incertaines ; il produit, peu à peu, la civilisation et tous les avantages qu'elle procure.

L'homme est né pour agir et celui qui se complait dans l'inaction, c'est comme s'il n'existait pas, et puis, « *la vie doit avoir un courant, l'eau qui ne coule pas se corrompt.* » En outre, la lutte pour l'existence étant la condition essentielle de tout progrès, tant des individus isolés que des nations, ne nous endormons pas dans une douce oisiveté, tandis que les autres veillent et travaillent, sinon, nous serons bientôt distancés par eux au point de ne plus pouvoir les rattraper.

En tirant parti de nos facultés, nous travaillons pour nous en premier lieu, mais aussi pour tous ceux qui bénéficieront de nos travaux.

QUESTIONNAIRE

1. Que savez-vous de l'esprit d'initiative ?
2. Quels sont ses résultats ?
3. Quel est le but de la vie humaine ?
4. Que nous impose la lutte pour l'existence ?
5. Est-ce que nous ne travaillons que pour nous en tirant partie de nos facultés ?

CENT DIXIÈME LEÇON

Le courage — Ses différentes formes.

Le courage est un effort de l'âme pour résister à la souffrance morale ou physique ou la fermeté dont on fait preuve en face d'un péril imminent; c'est encore la faculté de vouloir avec force, avec énergie.

Le courage prend différentes formes suivant les circonstances: le soldat qui marche sans faiblesse à une mort certaine et le marin qui préfère s'abîmer dans les flots plutôt que d'amener son pavillon, font preuve de courage militaire. Le médecin qui prodigue ses soins aux malades atteints de maladies infectieuses; le fonctionnaire qui aime mieux mourir que de manquer à son devoir ; l'ouvrier qui expose sa vie pour sauver celle de son semblable, font acte de courage civil. L'activité qui ne se laisse rebuter par aucune difficulté ; la résignation avec laquelle on accepte les épreuves de la vie ; la patience, la constance, l'indépendance de caractère, la fermeté inébranlable dans ses convictions, lors même qu'elles sont contraires à l'opinion régnante, sont des manifestations de courage moral. Ce dernier courage, le plus rare de tous, est celui montré par l'homme qui ose être lui-même : courage obscur il est vrai, mais plus grand, bien souvent, par l'esprit qui l'inspire, que certains actes de courage éclatants immortalisés par l'histoire.

QUESTIONNAIRE

1. Donnez les différentes définitions du courage.
2. Indiquez les différentes formes que prend le courage.
3. Citez des exemples de courage militaire.
4. Citez des exemples de courage civil.
5. Citez des exemples de courage moral.
6. Qu'est-ce qui grandit moralement un acte de courage ?

CENT-ONZIÈME LEÇON

Le découragement.

Le découragement est un abattement moral qui nous fait abandonner la lutte lorsque tout espoir de résistance n'est pas perdu, et nous empêche, à cause de cela, d'utiliser les ressources défensives dont nous disposons. Le découragement dénote un tempérament mou, un manque absolu de caractère et de force d'âme. C'est, en un mot, une lâcheté.

Peut-on dénommer autrement l'acte accompli par l'administrateur ou le magistrat, par exemple, qui se démet volontairement des fonctions dont le peuple ou l'Etat l'a investi, sous prétexte qu'il lui faudrait surmonter des difficultés qu'il n'avait pas prévues en acceptant sa charge ? N'est-il pas également le dernier des lâches, le soldat qui abandonne la place qu'il doit défendre parce qu'il se croit incapable de se mesurer avec l'ennemi qui l'assaille ?

Ne perdons pas de vue que dans cette immense arène qu'on appelle la vie, chacun de nous doit rester, en dépit de tout, au poste de combat que le destin lui a assigné, afin de remplir jusqu'au bout la mission particulière qui lui est dévolue.

QUESTIONNAIRE

1. Qu'est-ce que le découragement ?
2. Que dénote-t-il ?
3. Prouvez par des exemples que le découragement est une lâcheté.
4. Quel est le devoir de chacun de nous en ce qui concerne notre situation dans la société ?

CENT DOUZIÈME LEÇON

La paresse.

La paresse est un état d'engourdissement dans lequel vivent les personnes sans courage et sans volonté et qui annihile parfois toutes leurs facultés intellectuelles. C'est le défaut qui mérite le moins d'indulgence. Plus on se complait dans sa nonchalance, plus elle est opiniâtre et difficile à surmonter ; il faut de bonne heure s'appliquer à la dompter. Il suffit pour cela d'exécuter avec ponctualité tous les travaux qui nous incombent. On ne tarde pas à constater qu'on fait avec goût ce qu'on ne faisait d'abord qu'avec répugnance ; car l'esprit et le cœur sont toujours contents quand on remplit ses devoirs.

L'enfant qui persiste à vivre dans son indolence, sème pour l'avenir un fonds de repentir pour lui-même et de regrets pour ses parents. Oisif, il sera la proie de tous les vices Enfin, « *l'homme qui travaille paie sa vie, tandis que le fainéant la vole.* »

QUESTIONNAIRE

1. Comment définissez-vous la paresse ?
2. Que pensez-vous de ce défaut ?
3. Comment faut-il le combattre ?
4. Que ne tarde-t-on pas à constater quand on exécute avec ponctualité tous ses travaux ?
5. Quel sera l'avenir de l'enfant qui persiste à vivre dans son indolence ?
6. Comparez l'existence du travailleur à celle du fainéant.

CHAPITRE IX

DEVOIRS ENVERS LE PROCHAIN

CENT TREIZIÈME LEÇON

La fraternité humaine.

Si tous les hommes étaient bien pénétrés de cette pensée, qu'ils ont un frère dans tout individu de n'importe quel pays, les guerres entre nations seraient remplacées par un système d'arbitrage international chargé de juger pacifiquement leurs différends, et bien des souffrances seraient soulagées avec les millions dévorés par les armées. Peut-être alors n'existerait-il plus de nos misères actuelles, que celles qu'il n'est pas donné aux hommes de faire disparaître.

En attendant la réalisation de ce rêve, aimons notre prochain, c'est-à-dire l'humanité tout entière, si nous voulons que la fraternité, qui est fille du ciel, finisse par s'acclimater sur la terre.

QUESTIONNAIRE

1. Quelle est la pensée dont tous les hommes devraient être pénétrés ?
2. Qu'arriverait-il s'il en était ainsi ?
3. Que devons-nous faire en attendant la réalisation de ce rêve ?

CENT-QUATORZIÈME LEÇON

Enumération de nos principaux devoirs envers le prochain.

Nos devoirs envers notre prochain comportent des devoirs de justice et des devoirs de charité. Nos devoirs de justice consistent à ne porter atteinte à aucune de ses libertés ; c'est-à-dire : ni à la liberté de sa personne, ni à celle des membres de sa famille, ni à celle de ses serviteurs. Nous ne devons pas moins respecter ses biens, son honneur, ses convictions et ses croyances.

Si nous voulons être certains de vivre en bonne intelligence avec nos concitoyens, soyons plutôt disposés à leur faire l'abandon d'une partie de nos droits que de chercher à empiéter sur les leurs. Nous y perdrons peut-être quelque bien, mais notre réputation y gagnera, sans compter la quiétude dont nous jouirons notre vie durant; ce qui est, pour les gens paisibles, d'un prix inestimable.

QUESTIONNAIRE

1. Enumérez nos principaux devoirs envers notre prochain.
2. En quoi consistent nos devoirs de justice ?
3. Que devons-nous faire pour être certains de vivre en bonne intelligence avec nos concitoyens ?
4. Quel avantage retirerons-nous de cet abandon volontaire ?

CENT-QUINZIÈME LEÇON

Respect du bien d'autrui.

« *Tu ne déroberas point* » Voilà un commandement essentiel auquel il faut se garder de ne jamais manquer. Habituons-nous à regarder le bien d'autrui comme une chose sacrée sur laquelle il ne nous est pas permis de porter les mains, et interdisons-nous jusqu'aux moindres larcins, de peur de nous habituer insensiblement à en commettre de plus grands. Il faut que les enfants sachent que « *marauder c'est voler.* » Ceux qui n'ont pas le moindre remords après avoir pris un fruit dans le verger de leur voisin, n'en auront pas davantage après lui en avoir pris une corbeille « *Qui vole un œuf, dit-on, peut bien voler un bœuf* »

« Qu'entre ton bien et celui de ton prochain, il y ait toujours une muraille. »

QUESTIONNAIRE

1. Citez le commandement auquel il ne faut jamais manquer.
2. Comment devons-nous regarder le bien d'autrui ?
3. Pourquoi devons-nous nous interdire les moindres larcins ?
4. Quelle est la chose que tous les enfants doivent savoir ?
5. Citez le proverbe et la maxime qui terminent le résumé de cette leçon.

CENT SEIZIÈME LEÇON

La calomnie et la médisance.

Il est des crimes abominables que vous ne commettrez jamais, tels que : le vol avec effraction, l'incendie par malveillance, l'assassinat, etc., mais il est des fautes que vous commettrez probablement, sans en mesurer peut-être la gravité et qui ne portent pas moins un grave préjudice au prochain,

C'est d'abord la calomnie que le menteur invente à plaisir pour compromettre la situation d'autrui ; ensuite, la médisance qui, tout en portant sur des faits exacts, est presque aussi dangereuse que la calomnie. Elle atteint l'honneur des individus, fait naître les brouilles et les querelles entre familles.

Le mal fait par les mauvaises langues est malheureusement irréparable, car des mensonges débités par elles, un peu partout, il en reste toujours quelque chose.

QUESTIONNAIRE

1. Quels sont les crimes que vous ne commettrez jamais et les fautes que vous commettrez probablement?
2. Qu'est-ce que la calomnie?
3. Qu'est-ce que la médisance?
4. Démontrez que la médisance est presque aussi dangereuse que la calomnie.
5. Pourquoi le mal fait par les mauvaises langues est-il irréparable?

CENT DIX-SEPTIÈME LEÇON

Ne touchons pas à l'honneur du prochain.

L'honneur est une propriété morale à laquelle il est encore plus criminel de toucher qu'à la propriété matérielle, vu que « *l'honneur, semblable à l'œil, ne peut souffrir la moindre impureté sans s'altérer.* »

Rien au monde ne vaut un nom sans tâche et honoré. C'est à nous de prendre garde de ne pas porter atteinte, par des paroles imprudentes, à la réputation des personnes qui font l'objet de nos entretiens, car nous manquerions envers elles à l'un de nos devoirs de justice les plus élémentaires. Sans compter que si nos paroles leur étaient rapportées par des témoins qui consentiraient à les répéter en justice, il ne tiendrait qu'à ces personnes de nous faire repentir de notre imprudence, si elles nous intentaient un procès en diffamation qui, tout en nous déconsidérant aux yeux des honnêtes gens, pourrait encore amener notre ruine.

QUESTIONNAIRE

1. Quelle idée vous faites-vous de l'honneur ?
2. Pourquoi devons-nous respecter scrupuleusement celui d'autrui ?
3. Quelle est, au monde, la chose qui a le plus de valeur ?
4. Comment porte-t-on atteinte à la réputation d'autrui ?
5. Quel devoir de morale viole-t-on dans ce cas ?
6. Ne s'expose-t-on pas, en même temps, à un autre danger en attaquant la réputation des personnes absentes ?

CENT DIX-HUITIÈME LEÇON

La Tolérance.

La tolérance est le respect de la croyance et des opinions d'autrui. Si nous tenons à nos idées quand nous les croyons bonnes, il est juste que les autres aient le même droit. N'essayons jamais de les imposer à personne, étant donné qu'il n'est pas permis d'employer la violence, même pour faire le bien.

Toute idée ayant besoin d'être épurée par la

libre discussion, nous aurions mauvaise grâce à ne pouvoir supporter la contradiction ; attendu qu'il n'y a pas plus d'homme infaillible qu'il n'en existe n'ayant rien à apprendre des autres.

Au reste, il n'y a que les ignorants et les sots qui se montrent intolérants.

N'oublions pas que l'intolérance a été cause des guerres religieuses qui ont désolé la France pendant plusieurs siècles.

QUESTIONNAIRE

1. Qu'est-ce que la tolérance ?
2. Pourquoi ne doit-on jamais imposer ses idées à personne ?
3. Que pensez-vous des gens qui ne peuvent supporter la contradiction ?
4. Quelles sont les personnes qui sont ordinairement intolérantes ?
5. Quelles ont été les causes de l'intolérance ?

CENT DIX-NEUVIÈME LEÇON

Respect des opinions et des croyances d'autrui.

Un des principaux bienfaits de la Révolution est d'avoir arrêté l'effusion de sang que l'intolérance religieuse a fait couler.

Nous qui avons eu le bonheur de naître dans un siècle de lumières et de progrès, respectons toute opinion ou croyance qui nous paraît sincère.

S'il est impossible d'estimer les personnes manifestant, par pur intérêt, des sentiments politiques ou religieux qui ne sont pas les leurs, par contre, nous ne pouvons réprouver celles qui sont de bonne foi quand elles affirment, que la réalisation de leur conception politique aurait pour résultat de réduire le nombre des malheureux, sans toucher au droit inviolable de la propriété individuelle.

Nous devons respecter également les convictions religieuses de ceux qui croient fermement qu'après avoir suivi, à la lettre, les préceptes de leur religion, ils trouveront dans un monde meilleur une large compensation aux maux qu'ils ont soufferts dans celui-ci.

QUESTIONNAIRE

1. Qu'est-ce qui a mis fin aux maux causés par l'intolérance religieuse ?
2. Quelle doit être notre conduite à ce sujet ?
3. N'y a-t-il pas des personnes qu'on ne peut estimer ?
4. A quelle condition les convictions politiques ou religieuses sont-elles respectables ?

CENT VINGTIÈME LEÇON

L'esprit d'équité.

L'esprit d'équité doit présider à toutes nos

actions ; il est inhérent à la nature humaine, puisque l'enfant, l'homme mûr et le vieillard ont également soif de justice. C'est à cause de cela qu'il faut souhaiter que l'on soit juste pour les autres comme pour nous, même dans le cas où nos intérêts les plus chers sont en jeu, si nous voulons mériter le beau nom de « *juste.* »

L'humanité vit de justice et de droit ; lui refuser la justice, c'est la vouer à la mort. Répandre au contraire des principes d'équité ; faire tout notre possible pour qu'ils soient acceptés et pratiqués par nos concitoyens, c'est leur donner par surcroît, tous les autres biens.

QUESTIONNAIRE

1. Qu'est-ce qui nous prouve que l'esprit d'équité est inhérent à la nature humaine ?
2. Que faut-il faire pour mériter le beau nom de « *juste.* »
3. De quoi l'humanité vit-elle moralement ?
4. Quel est le plus grand bien que nous puissions faire à nos concitoyens ?

CENT VINGT ET UNIÈME LEÇON

Le droit de légitime défense.

Celui qui viole ses devoirs de justice en ne respectant pas, soit la personne, soit la réputation, soit les biens de son prochain, mérite une punition en rapport avec la faute qu'il commet; mais ce n'est pas à nous de la lui infliger. Il est un cas cependant où l'on peut résister à la force par la force pour défendre sa vie et sa sécurité: la société, la mieux organisée, ne pouvant pas protéger en tous lieux les honnêtes gens. Dans ce cas particulier que la loi définit par ces mots: « *Droit de légitime défense* » un homme peut donner la mort à l'un de ses semblables sans que son honneur soit entaché.

Il est évident, qu'il ne faut user de ce droit que dans un danger imminent; vu que la perte de la vie est malheureusement irréparable. Dans toute autre circonstance, c'est à la justice de notre pays que nous devons faire appel, au lieu de tirer vengeance nous-mêmes des voies de fait dirigées contre notre personne; ce qui ferait de la société une réunion de sauvages dans laquelle la raison du plus fort primerait sur les droits de chacun.

QUESTIONNAIRE

1. Les gens qui violent la justice ne méritent-ils pas d'être punis?
2. Est-ce que c'est à nous de leur infliger la punition de leur faute?
3. Dans quel cas pouvons-nous tuer l'un de nos semblables sans commettre un crime?
4. Qui est chargé du soin de nous défendre en toute autre occasion?
5. Que deviendrait la société si chacun tirait vengeance de ses insultes personnelles?

CENT VINGT-DEUXIÈME LEÇON

Justice et charité.

La justice et la charité sont les deux grandes vertus sociales ayant chacune sa formule particulière. Celle de la charité est: « *Ne fais pas à autrui ce que tu ne voudrais pas qu'il te fût fait* », ou plus simplement « *ne fais du mal à personne* » et celle de la charité: « *Fais à autrui tout ce que tu voudrais qu'on te fît* ». Rien n'est plus naturel, en effet, que de ne pas faire du mal à ceux qui ne nous en font pas, ou de faire du bien à ceux qui nous en font. C'est pour cela, et surtout à cause de son caractère impératif, que la justice n'est que le commencement de la vertu.

« *La justice fait les hommes libres et égaux, la charité en fait des frères. Au respect des droits de chacun elle joint l'amour.* »

La justice complétée par l'amour est la base même sur laquelle repose la morale que le Christ a enseignée.

QUESTIONNAIRE

1. Nommez les deux grandes vertus sociales.
2. Quelle est la formule de la justice ?
3. Citez celle de la charité.
4. Pourquoi la justice n'est-elle que le commencement de la vertu ?
5. Comparez la justice à la charité.

CENT VINGT-TROISIÈME LEÇON

Etendue de nos devoirs de charité.

Ne pas faire le mal pour le bien, ne pas faire du mal à ceux qui ne nous en ont pas fait, ne pas rendre le mal pour le bien; faire du bien à ceux qui nous en font et même empêcher qu'on attente, en notre présence, à la personne, à l'honneur ou aux biens de notre prochain, c'est lui donner tout juste ce qui lui est dû; tandis qu'être charitable pour lui, c'est lui donner ce qu'il ne peut exiger au nom de la justice, mais ce qui lui est permis d'espérer au nom de la charité.

Pour nous rendre compte si nos devoirs de charité sont nombreux, il suffit de savoir que le mot charité signifie amour. Donc, pour celui qui aime réellement la charité n'a pas de bornes, puisqu'elle peut même le porter jusqu'à se priver du nécessaire, pour donner un peu de bonheur aux personnes qu'il aime.

QUESTIONNAIRE

1. Quelle est la différence qui existe entre nos devoirs de justice et ceux de charité ?
2. Est-on obligé d'être charitable à l'égard d'autrui comme on est obligé d'être juste ?
3. Pensez-vous que nos devoirs de charité soient bien nombreux ?

CENT VINGT-QUATRIÈME LEÇON

Devoirs de charité envers le prochain. Bienveillance.

Si élevée que soit notre situation sociale, nos devoirs de charité envers notre prochain nous font une obligation d'accueillir favorablement, c'est-à-dire avec bienveillance, tous ceux qui nous approchent, quand même ce serait pour nous demander des choses qu'il n'est pas en notre pouvoir de leur accorder.

C'est surtout dans les circonstances pénibles de la vie qu'il fait bon rencontrer des personnes influentes daignant s'intéresser à nos malheurs, ne serait-ce que pour nous plaindre.

A défaut d'autre soulagement, une parole affectueuse prononcée à propos ne coûte pas beaucoup d'efforts, elle fait cependant toujours du bien quand elle s'adresse à une personne qui souffre.

QUESTIONNAIRE

1. En quoi consiste la bienveillance ?
2. Quelles sont les personnes que l'on aime à rencontrer dans les circonstances pénibles de la vie ?
3. Pourquoi ?
4. Quelle est la chose qui fait toujours du bien aux personnes qui souffrent ?

CENT VINGT-CINQUIÈME LEÇON

Devoirs de charité. — Indulgence.

L'indulgence consiste à pardonner facilement les fautes d'autrui, même quand il nous en coûte de le faire. Elle est l'indice d'un cœur bon, généreux et aimant. Si nous aimons réellement notre prochain, nous serons indulgents pour lui. Nous nous garderons bien de laisser croire à l'homme qui a failli que certaines fautes ne peuvent être rachetées par un repentir sincère et durable; car celui qui a ressenti les angoisses du remords pour une faute commise, peut devenir, s'il le veut, plus profondément vertueux que ceux qui n'ont jamais manqué à leur devoir. Supposons qu'il en soit ainsi de tout homme condamné pour la première fois. Tendons-lui la planche de salut. Relevons-le à ses propres yeux. Oublions ce qu'il a été. Permettons-lui de reprendre sa place dans la société des honnêtes gens; quitte à le repousser pour toujours s'il commet une autre faute.

QUESTIONNAIRE

1. En quoi consiste l'indulgence ?
2. Pour qui devons-nous être indulgents ?
3. Quelle doit être notre conduite à l'égard des personnes qui ont commis une première faute ?

CENT VINGT-SIXIÈME LEÇON

Devoirs de charité.
Assistance et Bienfaisance.

L'assistance, en tant que devoir de charité, est l'empressement que l'on met à se porter au secours des autres, et la bienfaisance est l'inclination qui pousse les personnes charitables à faire tous leurs efforts pour soulager la misère.

On n'a fait ce qu'on doit en donnant une part de son avoir à ceux qui souffrent, que si l'on est assez délicat pour ne pas les humilier en les secourant. C'est ici le cas de mettre en pratique cette parole : *que votre main gauche ignore ce que donne votre main droite*, car, *la façon de donner vaut mieux que ce qu'on donne*.

On secourt également son prochain en faisant sa besogne lorsqu'il est malade, en passant les nuits à son chevet pour le soigner ou le consoler avant que les membres de sa famille brisés par les veilles, ne faiblissent à la tâche. On peut quelquefois lui faire beaucoup de bien en lui donnant simplement un bon conseil. Ce qui nous prouve que l'assistance et la bienfaisance sont à la portée de tous, et qu'il n'est pas humble travailleur des champs qui ne puisse pratiquer l'une et l'autre, à l'égard de ses concitoyens plus affligés que lui ou plus malheureux.

QUESTIONNAIRE

1. Donnez la définition de l'assistance et celle de la bienfaisance.
2. A quelle condition oblige-t-on réellement son prochain en le secourant ?
3. Ne peut-on pas le secourir par d'autres moyens ?
4. Indiquez-les.
5. Qu'est-ce que cela nous prouve ?

CENT VINGT-SEPTIÈME LEÇON

Devoirs de charité.

Reconnaissance.

La reconnaissance est la mémoire des bienfaits. Nous pouvons nous montrer reconnaissants de plusieurs manières : en répondant par un service équivalent à celui que nous avons reçu; et quand il nous est impossible d'user de ce moyen, en nous empressant de mettre, le cas échéant, notre personne et nos biens à la disposition de ceux qui nous ont obligés.

Il importe surtout de ne jamais croire avoir trop fait pour ceux qui sont venus spontanément à notre aide dans un besoin pressant. C'est plutôt par excès contraire qu'il faut pécher, tant l'ingratitude est un vice méprisable.

Rien ne résume mieux les devoirs du bienfaiteur et de l'obligé que ce proverbe oriental : « *Si tu fais le bien oublie-le, si on te le fait souviens-t'en toujours.* »

Enfin, se montrer reconnaissant d'un bienfait c'est montrer qu'on en était digne.

QUESTIONNAIRE

1. Qu'est-ce que la reconnaissance ?
2. De combien de manières se montre-t-on reconnaissant ?
3. Qu'est-ce qui importe le plus en la circonstance ?
4. Citez le proverbe oriental qui résume les devoirs du bienfaiteur et ceux de l'obligé.
5. Que prouve-t-on en se montrant reconnaissant d'un bienfait ?

CENT VINGT-HUITIÈME LEÇON

Les faux jugements.

Ne jugeons pas les gens sur leur physionomie, ni d'après leurs paroles, mais plutôt d'après leurs actes. S'il est vrai que le visage reflète souvent la noblesse de l'âme, l'on rencontre cependant de braves gens qui ressemblent à des vauriens comme des vauriens qu'on prendrait pour des braves gens.

Ne refusons pas notre affection à ceux qui

nous paraissent n'avoir rien d'aimable en eux et gardons-nous bien de les mépriser avant de les connaître. « *Avons-nous sondé leur cœur, pour savoir si la justice n'y règne pas et s'il n'est pas embrasé par l'esprit de charité?* »

N'oublions jamais que c'est à Dieu, et non à nous, qu'appartient le droit de juger et de condamner.

QUESTIONNAIRE

1. D'après quoi devons-nous juger les gens ? et pourquoi ?
2. Pour quelle raison ne devons-nous pas mépriser les personnes avant de les connaître ?
3. Quelle est la chose que nous ne devons jamais oublier ?

CENT VINGT-NEUVIÈME LEÇON

Aimons nos ennemis.

Nos devoirs de charité envers notre prochain consistent à faire du bien à ceux qui ne nous ont fait ni bien ni mal et à rendre le bien pour le mal. Le dernier de ces devoirs, surtout, est le plus haut degré que la charité puisse atteindre.

« *Aimez vos ennemis, dit l'Evangile, faites du bien à ceux qui vous haïssent et priez pour ceux qui vous persécutent.* »

Si nous n'aimons que ce qui est aimable, quel

mérite avons-nous ? C'est parce qu'il en coûte d'aimer ceux qui nous haïssent, de faire du bien ou d'en souhaiter à ceux qui nous ont fait du mal que l'on peut dire : rien ne rapproche l'homme de la perfection comme la pratique de la charité.

QUESTIONNAIRE

1. En quoi consistent nos devoirs de charité envers notre prochain ?
2. Lequel de ces devoirs vous paraît-il le plus grand ?
3. Citez les paroles de l'Evangile à ce sujet.
4. Qu'est-ce qui rapproche le plus l'homme de son perfectionnement moral ?

CENT TRENTIÈME LEÇON

Le Dévouement.

Le dévouement est un élan généreux qui nous porte à nous oublier nous-mêmes pour voler au secours des autres. C'est le sacrifice de notre personnalité égoïste, de nos désirs, de nos goûts, de nos biens au bonheur d'autrui.

Le dévouement est, par conséquent, la forme la plus pure de la charité et *le suprême effort de la vertu humaine* lorsqu'il est complètement désintéressé, c'est-à-dire, quand il ne nous est pas suggéré par l'appât d'une récompense quelconque.

Les exemples de dévouements sublimes abondent dans notre histoire nationale ; mais combien de dévouements obscurs dont nous sommes témoins, les uns ou les autres, resteront inconnus de la postérité. Qu'importe ! ils n'auront pas été inutiles si, tout en ayant le bien pour but, ils ont inspiré à quelqu'un de nous la résolution de les imiter quand l'occasion se présentera.

QUESTIONNAIRE

1. Donnez la définition du dévouement.
2. A quelle condition le dévouement acquiert-il son maximum de valeur morale ?
3. Qu'entend-t-on par dévouements obscurs ?
4. Croyez-vous ces derniers moins utiles que les actes de dévouement retentissants ?

CHAPITRE X

L'Association — Ses avantages.

CENT TRENTE-UNIÈME LEÇON

La solidarité humaine.

L'ensemble des hommes, des femmes et des enfants de tous les pays du monde forme l'humanité ; chaque membre de la grande famille humaine est un individu ; tous les individus vivant sous les mêmes lois forment une nation ; et le pays qu'ils habitent constitue la Patrie.

La solidarité entre nations ne se manifeste que si elles ont les mêmes ennemis à combattre ou les mêmes intérêts à sauvegarder ; tandis que la solidarité entre les enfants d'une même patrie se fait sentir aussitôt que la vie, l'honneur ou les intérêts de l'un d'eux sont en jeu.

Le patriotisme est né de cette solidarité. Aussi, point n'est besoin de démontrer aujourd'hui que quiconque porte atteinte à la personne, à la liberté ou à la dignité d'un seul de nos compatriotes, outrage, en même temps, tous les Français.

Mais où cette solidarité se manifeste plus étroitement encore, c'est entre gens du même village, entre voisins, que les besoins de l'existence obligent à échanger journellement leurs services.

QUESTIONNAIRE

1. Qu'est-ce qui constitue l'humanité tout entière ? — un individu ? — une nation ? — une patrie ?
2. Dans quels cas la solidarité se manifeste-t-elle entre nations ? — entre enfants de la même patrie ?
3. Qu'est-ce qui a donné naissance au patriotisme ?
4. Entre quelles gens la solidarité se manifeste-t-elle encore davantage ?

CENT TRENTE-DEUXIÈME LEÇON

La Sociabilité.

L'homme est un être sociable, c'est-à-dire, porté naturellement à se rapprocher de ses semblables dans le but de r hercher leur société. L'isolement affecte parfois son moral au point de lui rendre la vie insupportable, et la compagnie de quelques personnes suffit pour lui redonner immédiatement sa gaieté et son énergie.

S'il est incontestable que nous ne pouvons, en aucun cas, nous passer du commerce de nos semblables, tâchons de vivre dans les meilleurs termes avec eux. Efforçons-nous de répondre à ce vœu de la nature en ouvrant notre cœur à la sympathie et notre esprit aux idées de bienveillance et d'apaisement.

Entre les braves gens ne doivent régner que la concorde et la paix.

QUESTIONNAIRE

1. Qu'est-ce que l'homme ?
2. A-t-il été créé pour vivre seul ?
3. Pouvons-nous nous passer du commerce de nos semblables ?
4. Comment devons-nous agir avec eux ?

CENT TRENTE-TROISIÈME LEÇON

Bienfaits de la société.

Pour nous rendre un compte exact des bienfaits que nous procure la société, il faut se représenter par la pensée ce que nous deviendrions si, abandonnés nus sur une île déserte, nous étions obligés de pourvoir tout seuls à ce que nous tenons de la société ; c'est-à-dire à notre alimentation, à la confection de nos vêtements, de notre habitation, de nos outils, de nos armes, etc. Il est évident que, si nous parvenions à échapper à la dent des bêtes féroces, notre existence serait bien triste et bien précaire.

Puisque nous nous donnons mutuellement le bien-être matériel dont nous jouissons, c'est à nous d'y ajouter les satisfactions morales et intellectuelles que nous pouvons également nous procurer, par la pratique de la charité et par la culture de notre intelligence.

QUESTIONNAIRE

1. Que faut-il se représenter pour se rendre un compte exact des bienfaits de la société ?
2. Quelle serait l'existence d'un homme seul dans une île déserte ?
3. D'où provient le bien être matériel dont nous jouissons ?
4. Quelles sont les autres satisfactions que nous pouvons également nous procurer ?

CENT TRENTE-QUATRIÈME LEÇON

Une société idéale.

Une société humaine dont tous les membres qui la composent rempliraient à l'égard d'autrui leurs devoirs de justice et de charité, serait une société parfaite. Plus de malheureux manquant de nécessaire, plus de souffrants qui ne soient soulagés ou consolés. Pas davantage d'opprimés ni d'exploités, et partant, plus de révolutions sociales ébranlant les Etats jusque dans leurs fondements. La paix, la joie, l'amour, le bonheur pour tous ; toutes choses enfin, dont jouiront peut-être ceux qui viendront après nous si, connaissant exactement leurs devoirs humanitaires, ils sont résolus de les remplir en toute occasion,

QUESTIONNAIRE

1. A quelle condition la société humaine serait-elle parfaite ?
2. Qu'est-ce qui caractériserait cette société ?
3. Comment faudrait-il que les hommes se conduisissent pour que les choses puissent se passer de la sorte ?

CENT TRENTE-CINQUIÈME LEÇON

Avantages des associations.

« *Toute puissance est faible, à moins que d'être unie* » Vérité dont nos ancêtres des temps préhistoriques ne tardèrent pas à se rendre compte.

Si peu développée que fût leur intelligence à cette époque, ils comprirent, néanmoins, que ce n'est qu'en unissant leurs efforts qu'ils pourraient lutter avec avantage contre les animaux féroces dont la terre était infestée et contre les forces de la nature s'opposant à leurs desseins. Leurs familles réunies formèrent la tribu, puis la peuplade, et plus tard, la nation.

Toutes les œuvres importantes que nous admirons et dont nous jouissons, sont les résultats des associations. Donc c'est autant leur intérêt que leur instinct de sociabilité qui a porté les hommes à s'unir : la vie en commun ayant eu pour effet d'augmenter leur bien-être.

QUESTIONNAIRE

1. Quelle est la chose dont nos ancêtres des temps préhistoriques ne tardèrent pas à se rendre compte ?
2. Qu'est-ce qui a donné naissance aux nations ?
3. Quels ont été, pour les hommes, les avantages des associations ?

CENT TRENTE-SIXIÈME LEÇON

Les inégalités sociales.

Quoique dans notre société démocratique tous les Français jouissent des mêmes droits, on n'y rencontre pas moins pour cela des inégalités innées ou acquises qu'il n'est donné à aucun gouvernement de faire disparaître. En effet, nous naissons plus ou moins vigoureux, plus ou moins intelligents : inégalités naturelles; nous sommes plus ou moins en vue suivant notre situation, plus ou moins influents, plus ou moins riches : inégalités de condition, qu'on ne peut cependant taxer d'injustice.

Chacun de nous est stimulé par le désir de se

faire une position lui permettant d'acquérir la fortune pour lui et pour les siens; or, si le fruit de notre travail devait être partagé entre tous nos compatriotes, nous travaillerions à peine pour ne pas mourir de faim. Et comme le travail fait la fortune des nations en faisant celle des individus dont elles sont formées, nous serions bientôt réduits à la plus affreuse misère.

Contentons-nous de désirer une répartition de plus en plus juste des charges publiques, l'institution d'une caisse de retraite pour les ouvriers âgés et sans ressources, ainsi que l'augmentation des crédits affectés au secours des malheureux et, si nous obtenons ces choses-là, notre société française sera la meilleure entre toutes.

QUESTIONNAIRE

1. Qu'entend-on par inégalités innées et acquises ?
2. Est-il donné à quelqu'un de faire disparaître ces inégalités ? et pourquoi ?
3. Qu'arriverait-il si nous n'avions pas la certitude de jouir du fruit de notre travail ?
4. Quelle serait, dans ce cas, la situation des nations et celle des individus qui les composent ?
5. A quoi doivent se borner nos désirs ?

CHAPITRE XI

LES BIENS EXTÉRIEURS

CENT TRENTE-SEPTIÈME LEÇON

Ce qu'on entend par Biens extérieurs.

Les biens extérieurs sont les avantages que nous tirons de la nature ou de la société pour répondre aux nécessités courantes de la vie et qui, tout en contribuant à notre bien être général, nous procurent l'indépendance personnelle.

Nous ne devons pas cependant trop nous attacher à ces biens, car la fortune ne fait pas le bonheur, mais plutôt la conscience du devoir accompli et la modération de nos désirs.

Tous les biens extérieurs que nous possédons, sont le résultat du travail et de l'épargne de nos ancêtres qui les ont acquis, peut-être, en se privant du nécessaire, et, si nous ne pouvons accroître ces biens, du moins, conservons-les intacts à nos enfants ; notre amour pour eux nous commande cet acte de prévoyance.

QUESTIONNAIRE

1. Donnez la définition des biens extérieurs.
2. Pourquoi ne faut-il pas trop s'attacher à ces biens ?
3. De quoi proviennent-ils ?
4. Quelle doit-être notre conduite à l'égard de nos enfants, en ce qui concerne les biens extérieurs ?

CENT TRENTE-HUITIÈME LEÇON

Les terres et l'argent ne sont pas les seuls biens.

Bien que les terres soient très morcelées en France, tous les Français ne sont pas cependant propriétaires de biens fonciers ; mais cette inégalité, si choquante qu'elle paraisse, n'en est pas une en définitive, car tous les hommes ne peuvent exercer la profession de cultivateur. Donc, à défaut de terres, qu'il ne possède pas, l'ouvrier a un état lucratif au moyen duquel il peut vivre et élever convenablement sa famille. Il en est de même du médecin, du professeur, du militaire, du juge, de l'avocat, du négociant, etc. Ce qui nous prouve : qu'une profession, un diplôme, un emploi, un commerce quelconque, sont des biens extérieurs comme une terre fertile, une riche mine, une industrie prospère.

QUESTIONNAIRE

1. Est-ce que tous les Français sont propriétaires de biens fonciers ?
2. Démontrez que cela ne constitue pas une inégalité.
3. Citez des biens extérieurs qui ne sont pas cependant des immeubles.

CENT TRENTE-NEUVIÈME LEÇON

Respect de la propriété. Sa légitimité.

Tout homme est propriétaire, si pauvre qu'il soit, ne possèderait-il que ses effets d'habillement, sa pioche s'il est cultivateur, son pic s'il est mineur ou carrier, que le peu de biens dont il est le possesseur, est le produit de son travail et de sa prévoyance. La propriété acquise de cette manière est, pour ainsi dire, la continuation de l'individu ; dans tous les cas, elle est à lui ce que l'effet est à la cause qui le produit.

Vouloir ravir à un homme un bien acquis à la sueur de son front, serait la plus abominable des injustices. Ne sont pas moins injustes cependant ceux que les biens du riche irritent quand ils les comparent à leur misère ; c'est qu'ils ignorent, le plus souvent, comment ces biens ont été acquis par ceux qui les possèdent ou par ceux qui les leur ont légués ; s'ils le savaient « *leur colère se changerait en respect et leur basse jalousie en noble émulation.* »

QUESTIONNAIRE

1. Est-ce que tous les hommes ne sont pas propriétaires de quelque chose ?
2. Qu'est-ce que la propriété, par rapport à l'individu qui l'acquiert par son travail et sa prévoyance ?
3. Croyez-vous que ce serait juste de la lui enlever ?
4. Que pensez-vous de ceux qui jalousent les biens du riche ?

CENT QUARANTIÈME LEÇON

La Liberté du travail.

En France, le travail est libre, ce qui veut dire que tout individu a le droit de fabriquer n'importe quel objet, à l'exception de ceux dont l'Etat s'est réservé le monopole, et d'aller vendre le produit de son travail partout où il juge à propos, pourvu qu'il ne trompe pas les acheteurs, ni sur la nature, ni sur la mesure, ni sur la valeur de la marchandise.

Le bienfait inestimable de la liberté du travail, qui a fait la fortune de notre pays, est l'œuvre de la Révolution française. Il a été la conséquence de l'abolition des corporations et des droits de circulation intérieure qui ont paralysé, pendant des siècles, l'industrie et le commerce français.

QUESTIONNAIRE

1. Que veut-on dire par ces mots: « *en France le travail est libre?* »
2. A qui devons-nous le bienfait de la liberté du travail ?
3. De quoi ce bienfait a-t-il été la conséquence?

CENT QUARANTE-UNIÈME LEÇON

Les grèves.

La grève est la cessation momentanée du travail ; elle a lieu lorsqu'il y a désaccord entre un patron et ses ouvriers.

La loi, en permettant la grève, a montré son respect pour la liberté des ouvriers, mais elle veut aussi que les grévistes respectent la liberté de ceux qui veulent travailler. Aussitôt qu'une grève est signalée, l'Autorité envoie des gendarmes et des soldats sur le lieu où la grève à éclaté, pour empêcher les violences contre les personnes ou contre la propriété, et principalement pour protéger les ouvriers qui n'ont pas voulu se mettre en grève.

L'expérience montre que les grèves sont dangereuses, et qu'en suspendant le travail, elles portent préjudice aux patrons et aux ouvriers.

Si vous faites un jour partie d'un atelier quelconque et qu'un désaccord ait lieu entre votre patron et vous, n'exagérez pas vos prétentions, soyez plutôt conciliants, vous ignorerez les souffrances endurées par ces grévistes qui, parfois en dépit des propositions avantageuses qu'on leur fait, s'obstinent à ne pas vouloir travailler.

QUESTIONNAIRE

1. Qu'est-ce que la grève?
2. Quand a-t-elle lieu?
3. Qu'a voulu montrer la loi en permettant les grèves?
4. Quels sont, en retour, les devoirs des grévistes?
5. Pourquoi l'autorité envoie-t-elle des gendarmes et des soldats sur le lieu de la grève?
6. Que prouve l'expérience au sujet des grèves?
7. Si vous faites un jour partie d'un atelier, comment agirez-vous si vous êtes en désaccord avec votre patron?

CENT QUARANTE-DEUXIÈME LEÇON

La Concurrence.

La concurrence est l'âme du progrès, elle est favorable à la prospérité de tous et tout le monde profite de ses bienfaits. *Les marchands qui en disent du mal, quand on la leur fait, sont enchantés qu'elle existe s'ils ont eux-mêmes quelque chose à acheter.*

Elle excite les fabricants à perfectionner leur outillage pour arriver à faire mieux que leurs concurrents, tout en vendant meilleur marché.

Un bon ouvrier ne doit pas craindre la concurrence. S'il a des rivaux intelligents, il n'a qu'à redoubler d'efforts pour faire aussi bien qu'eux et même mieux si c'est possible.

La renommée des ouvriers français est universelle. Il appartient à vous, ouvriers futurs, de conserver à notre pays cette renommée que vos aînés lui ont acquise.

QUESTIONNAIRE

1. Dites ce que vous savez de la concurrence.
2. Quels sont ses résultats ?
3. Que doit faire un bon ouvrier qui a des rivaux intelligents ?
4. Les ouvriers de demain n'ont-ils pas des devoirs à ce sujet ?

CENT QUARANTE-TROISIÈME LEÇON

Nécessité du travail.

La nature nous fournit en abondance les matières premières de toutes les choses dont nous avons besoin ; mais il faut extraire ces matériaux des mines qui les renferment, les transporter parfois fort loin ou les transformer par l'industrie. Or, l'extraction, le transport et la transformation ne se feraient pas si nous restions inactifs. C'est le travail qui nous donne les aliments que nous mangeons, les étoffes dont sont faits nos vêtements, les maisons qui nous abritent contre les intempéries des saisons.

La loi du travail est impérieuse, puisque elle s'impose à tous les hommes. En effet, *l'homme est né pour travailler comme l'oiseau pour voler*. Le travail amène l'aisance dans la maison de l'ouvrier et rehausse la dignité humaine : Honneur au travailleur.

QUESTIONNAIRE

1. Démontrez la nécessité du travail.
2. Ne s'impose-t-il pas à tous les hommes ?
3. Quelles sont les conséquences matérielles et morales du travail ?

CENT QUARANTE-QUATRIÈME LEÇON

Dignité du travail sous toutes ses formes.

L'ouvrier des champs qui cultive et ensemense ses terres, le mineur qui arrache le minerai des entrailles du sol, l'ouvrier des villes qui peine et sue pour transformer le fer brut en acier et l'acier en objets nécessaires, ne sont pas les seuls à travailler.

Le Ministre qui dirige l'Etat, le militaire qui

se consacre au dur métier des armes, le marin qui brave les flots soulevés par la tempête, l'instituteur qui use sa santé en instruisant ses élèves, le savant qui dote l'humanité d'une invention nouvelle, etc, font aussi œuvre utile, bien qu'ils ne travaillent pas de leurs mains. Ils remplissent, chacun suivant leur condition, le premier devoir de l'homme : celui de travailler.

QUESTIONNAIRE

1. Nommez quelques ouvriers travaillant exclusivement de leurs mains.
2. Croyez-vous qu'ils soient les seuls à travailler ?
3. Citez d'autres personnes qui ne font pas moins œuvre utile bien qu'elles ne travaillent pas manuellement.
4. Quels devoirs, les unes et les autres, remplissent-elles en travaillant?

CENT QUARANTE-CINQUIÈME LEÇON

Moralité du travail.

Au bien-être matériel que nous procure le travail, à son obligation pour tous les hommes, il faut joindre sa moralité.

Point de crainte que l'ouvrier laborieux commette des méfaits dont il ait à répondre devant la justice de son pays ; il ne prête pas l'oreille, non plus, aux utopies plus ou moins extravagantes qu'il entend débiter ; il n'attend l'amélioration de sa situation que de lui-même, de son travail et des ressources qu'il saura se ménager pour ses vieux jours.

Le travail rapproche l'homme de son perfectionnement moral ; c'est même une des formes de la prière du pauvre, puisque « *Travailler c'est prier.* »

QUESTIONNAIRE

1. Prouvez que le travail est le moralisateur par excellence.
2. Pourquoi l'ouvrier laborieux est-il ordinairement honnête et sage ?
3. De quoi attend-il l'amélioration de sa situation ?
4. Est-ce que le travail n'a pas encore une portée plus haute pour l'homme ?

CENT QUARANTE-SIXIÈME LEÇON

Capital et Travail.

La nation la plus riche n'est pas celle qui possède le plus de capitaux, mais celle où l'on travaille le plus. Le capital est une réserve de fonds née du travail et de la sage prévoyance. Sans le capital, aucun travail important ne pourrait être entrepris, et sans le travail, le capital resterait improductif. Le capital et le travail sont, par conséquent, deux grandes forces sociales qui ne peuvent subsister qu'en s'appuyant l'une sur l'autre. C'est pour cette raison que le capital doit venir en aide aux travailleurs toutes les fois qu'il en est besoin et que les travailleurs ne doivent pas traiter en ennemis ceux qui détiennent le capital.

QUESTIONNAIRE

1. Quelle est la nation la plus riche ?
2. Qu'est-ce que le capital ?
3. Prouvez que le capital et le travail ne peuvent subsister qu'en s'appuyant l'un sur l'autre.
4. Dans ce cas, que doivent faire les capitalistes et les travailleurs ?

CENT QUARANTE-SEPTIÈME LEÇON

Le temps perdu.

Puisque le temps est l'étoffe dont la vie est faite, n'en perdons pas à dormir plus qu'il n'est nécessaire. Dissiper le temps est la plus grande des prodigalités, vu que celui que l'on perd ne peut jamais se rattraper.

Si les paresseux qui arrivent au terme de leur carrière, faisaient le calcul de leurs journées perdues, ils en seraient effrayés, et pour peu qu'ils eussent gagné pendant ces journées, ils auraient à leur disposition, la vieillesse venue, un petit capital dont ils pourraient se servir en cas de nécessité.

Travaillons donc activement aujourd'hui, car

nous ne savons pas si nous pourrons travailler demain.

Si nous comprenons réellement le prix du travail, nous rougirons de nous surprendre les bras croisés, quand chacun de nous a tant à faire pour soi-même, pour sa famille, pour la Patrie.

QUESTIONNAIRE

1. De quelle étoffe la vie est-elle faite ?
2. Que pensez-vous de ceux qui dissipent le temps ?
3. Quelle est la chose qui effrayerait les paresseux arrivés au terme de leur carrière ?
4. Pourquoi devons-nous travailler activement aujourd'hui ?
5. Comment prouverons-nous que nous comprenons le prix du travail?

CENT QUARANTE-HUITIÈME LEÇON

L'Ordre.

L'ordre est, d'une part, le compagnon inséparable de la propreté et se rattache, à cause de cela, à nos devoirs envers nous-mêmes; d'autre part, c'est le soin que nous apportons dans la surveillance de nos propres affaires, c'est-à-dire la mise en pratique des préceptes suivants :

Ayons une place assignée pour chaque chose et remettons-la en place après nous en être servis. N'entreprenons pas plusieurs travaux à la fois pour les abandonner ensuite sans les avoir terminés. Réparons les objets que nous possédons au fur et à mesure qu'ils s'usent, au lieu d'attendre qu'ils soient complètement détériorés. Ne renvoyons pas au lendemain ce que nous pouvons faire le jour même. Tenons un compte exact de nos dépenses et de nos recettes. Achetons dans de bonnes conditions les choses qui nous sont utiles et abstenons-nous d'acheter les objets dont nous pouvons nous passer, pour ne pas être obligés de vendre ceux de première nécessité.

QUESTIONNAIRE

1. Donnez la définition de l'ordre.
2. Citez les préceptes énumérés ci-dessus se rattachant à l'ordre.

CENT QUARANTE-NEUVIÈME LEÇON

Les dettes.

Celui qui emprunte se met sous la dépendance d'autrui, aliène sa liberté et compromet, en partie, sa dignité personnelle.

Supportons toutes les souffrances et couchons-nous plutôt sans souper que de nous lever endetté ; car, l'on a raison de dire que : « *Celui qui cherche un prêteur cherche un crève-cœur* » et « *qu'on ne connaît réellement le prix de l'argent qu'en essayant d'en emprunter* », ou bien encore : « *Pour qui doit payer à Pâques le Carême est court.* »

Si nous ne pouvons payer à l'échéance, nous rougirons de voir notre créancier, nous allèguerons toutes les excuses. Par degrés, nous perdrons notre franchise et nous nous abaisserons jusqu'à mentir : « *la dette portant en croupe le mensonge.* »

Si l'on emprunte sans avoir la certitude de rembourser, on commet un mensonge et un vol.

Libérons-nous le plus tôt possible, si nous sommes redevables d'une certaine somme à quelqu'un et faisons en sorte de nous épargner, à l'avenir, l'humiliation de contracter de nouvelles dettes.

QUESTIONNAIRE

1. Dans quelle situation se mettent les personnes qui empruntent ?
2. Que devons-nous faire plutôt que d'emprunter ? et pourquoi ?
3. Qu'est-ce qui nous arriverait si nous ne pouvions payer à l'échéance ?
4. Que pensez-vous de ceux qui empruntent sans avoir la certitude de rembourser ?
5. Comment devons-nous agir si nous sommes redevables d'une certaine somme à quelqu'un ?

CENT CINQUANTIÈME LEÇON

L'économie.

L'économie consiste à limiter ses dépenses au nécessaire, à l'utile. « *Elle est vertu dans la pauvreté et sagesse dans l'aisance.* »

Une personne économe n'épargne pas par amour de l'argent, dont elle fait son serviteur et non son maître, mais par simple prévoyance; c'est-à-dire dans l'intention d'assurer son lendemain.

L'épargne est la source du capital; elle est, par conséquent, un élément essentiel de la production.

L'ouvrier économe ne redoute, ni le chômage, ni la maladie, ni la vieillesse.

Celui qui ne sait pas épargner, à mesure qu'il gagne, mourra à la tâche et sans laisser un sou. Songeons donc à épargner autant qu'à gagner et méfions-nous des petites dépenses; car « *petite voie d'eau fait couler grand navire.* »

QUESTIONNAIRE

1. En quoi consiste l'économie?
2. Pourquoi une personne économe épargne-t-elle?
3. De quoi l'épargne est-elle la source?
4. Quelles sont les choses que l'ouvrier économe ne redoute pas?
5. Qu'arrivera-t-il à celui qui ne sait pas épargner à mesure qu'il gagne?
6. A quoi devons-nous songer, et de quoi devons-nous nous méfier?

CENT CINQUANTE-UNIÈME LEÇON

L'économie comparée à l'avarice.

« *Celui-là seul qui a gagné sou à sou ce qu'il possède, connaît exactement la valeur de l'argent* », dit-on avec juste raison ; cependant, s'il est nécessaire d'être économe pour amasser quelques biens, il ne faut pas que cette économie exagérée devienne de l'avarice, qui a pour effet de dessécher le cœur en le privant de toute affection étrangère.

L'homme économe fait partie de cette armée de travailleurs dont la sage prévoyance assure la richesse des nations ; tandis que l'avare qui enfouit son trésor, paralyse, en partie, la vie sociale faite de ventes, d'achats, de travaux de toutes sortes dont tous bénéficient.

L'avare est, en outre, un profond égoïste qui n'amasse que pour jouir de la vue de son or, sa seule passion, son unique affection, son idole.

« *Il ne possède pas son bien, c'est son bien qui le possède* » ; il vit et meurt misérablement au milieu de son superflu.

L'avare est un être nuisible et méprisable qui n'a droit à aucun sentiment de pitié.

QUESTIONNAIRE

1. Quel est celui qui connait exactement la valeur de l'argent ?

2. Quel nom donne-t-on à l'économie exagérée ?
3. Comparez l'homme économe à l'avare.
4. Dans quel but l'avare amasse-t-il son or ?
5. Possède-t-il son bien ?
6. Parlez de son genre de vie et de sa mort.
7. Estime-t-on et plaint-on un avare malheureux ?

CENT CINQUANTE-DEUXIÈME LEÇON

La prodigalité.

Si l'avare est exécré de tous à cause de sa cupidité, le prodigue qui dépense pour dépenser, qui sème follement son argent à tous les vents, ne jouit pas, non plus, de l'estime de ses concitoyens. C'est un être dépourvu de raison et de bon sens, ignorant presque toujours ce que l'argent coûte à gagner et qui terminera ses jours dans la misère ; à moins qu'il ne les abrège par le suicide comme le font, ordinairement, la plupart des fous de son espèce.

Le prodigue peut être comparé à ces vandales qui détruisent, pour le plaisir de détruire, ce qu'ils seraient incapables d'édifier. C'est enfin, un triste homme avec lequel les personnes prudentes s'abstiendront de traiter des affaires sérieuses.

QUESTIONNAIRE

1. Qu'est-ce que le prodigue ?
2. Est-ce que les prodigues jouissent d'une estime bien grande ?
3. De quelle manière terminent-ils ordinairement leurs jours ?
4. A qui peut-on comparer les gens de cette espèce ?
5. De quoi faut-il s'abstenir avec eux ?

CENT CINQUANTE-TROISIÈME LEÇON

Le jeu.

Le joueur se rend esclave du hasard, viole la loi du travail et fait preuve de paresse et d'immoralité. De paresse, en comptant sur la chance d'un moment pour réaliser un gain qui demande à l'ouvrier laborieux plusieurs journées de travail. D'immoralité, parce que ce gain sera de l'argent enlevé à un autre.

Le joueur qui passe ses nuits à jouer l'argent destiné à procurer le nécessaire à sa famille, est un fou et un égoïste. Il oublie tous ses devoirs pendant que sa femme en proie à de mortelles angoisses, verse des larmes amères en l'attendant. Heureux encore pour elle si, rentrant chez lui le gousset vide, il ne trouve pas matière à l'accabler d'injures.

Un joueur, même heureux, est bientôt ruiné; alors, s'il est resté honnête, il se tue pour ne pas survivre à sa honte, et, dans le cas contraire, il devient criminel pour satisfaire, coûte que coûte, sa funeste passion.

QUESTIONNAIRE

1. De quoi le joueur se rend-il esclave ?
2. De quoi fait-il preuve ?
3. Parlez de sa conduite habituelle.
4. Comment finissent ordinairement les joueurs ?

CENT CINQUANTE-QUATRIÈME LEÇON

Le pari et la loterie.

Le pari n'est pas plus moral que le jeu. Un homme qui parie à propos de tout en faisant appel au hasard comme le joueur, peut parfaitement lui être assimilé. Il abdique, comme lui, son intelligence et sa volonté, et renonce à sa dignité d'homme. S'il a la certitude de gagner son pari, il commet un vol semblable à celui commis par le joueur qui triche au jeu.

Si louable que soit le but d'une loterie, la morale ne peut cependant pas l'approuver, du moment que l'argent gagné n'est pas le résultat du travail persévérant, de l'initiative courageuse et de l'intelligence de l'individu.

Au reste, c'est toujours un sot calcul, puisque la règle générale est de perdre et que le gain n'est qu'une très rare exception.

QUESTIONNAIRE

1. Que pensez-vous du pari ?
2. Comparez la conduite de l'homme qui fait des paris à tout propos à celle du joueur.
3. Quelle faute commet celui qui est certain de gagner son pari
4. Est-ce que la morale approuve les loteries ?
5. Fait-on un bon calcul en prenant des billets de loterie ?

CENT CINQUANTE-CINQUIÈME LEÇON

La prévoyance.

La prévoyance consiste, comme on dit vulgairement « *à se réserver une poire pour la soif* » ; ce qui signifie qu'un ouvrier prévoyant doit se ménager des ressources pour parer aux interruptions forcées de travail résultant du chômage, de la maladie ou de la vieillesse.

C'est donc faire preuve de prudence, et de sagesse en même temps, que de mettre chaque jour quelques sous en réserve. Ces quelques sous ajoutés à d'autres, pendant des années, finiront par représenter un petit capital qui permettra à l'ouvrier prévoyant d'affronter les jours difficiles.

Ceux qui manquent de courage pour commencer leur petit pécule, sous prétexte qu'il est impossible d'arriver à se constituer, de la sorte, un capital tant soit peu important, ont grand tort d'oublier : « *que les petits ruisseaux font les grandes rivières* ».

QUESTIONNAIRE

1. En quoi consiste la prévoyance ?
2. Citez un acte de prévoyance.
3. Quelle est la chose qu'oublient ceux qui manquent de courage pour commencer leur petit pécule ?

CENT CINQUANTE-SIXIÈME LEÇON

Les sociétés de prévoyance.

L'épargne n'étant pas toujours suffisante pour assurer notre lendemain, nous devons tous, dans notre intérêt, nous associer à nos semblables pour nous procurer mutuellement les ressources dont nous pouvons avoir besoin. Le but de l'épargne est « *chacun pour soi* » ; tandis que celui de la mutualité est « *chacun pour tous et tous pour chacun* ». Le jour où les hommes mettront en commun leur bonne volonté et une partie de leurs économies, ils seront à l'abri d'une foule de maux.

Ils peuvent déjà, sans compter l'institution des caisses d'épargne, s'assurer contre les accidents, les incendies, la grêle, etc.

Souhaitons que ces sociétés deviennent de plus en plus nombreuses et prospères ; nous verrons diminuer, dans la mesure du possible, la plupart des misères qui affligent l'humanité.

QUESTIONNAIRE

1. Que devons-nous faire pour remédier à l'insuffisance de l'épargne ?
2. Indiquez le but de l'épargne et celui de la mutualité.
3. De quoi se garantiraient les hommes s'ils mettaient en commun leur bonne volonté et une partie de leurs économies ?
4. En dehors des caisses d'épargne où ils portent leurs économies, que peuvent-ils faire encore ?
5. Que devons-nous souhaiter au sujet des sociétés d'assurances ?

CENT CINQUANTE-SEPTIÈME LEÇON

La caisse nationale des retraites pour la vieillesse.

Il ne suffit pas d'être animé de bonnes intentions et de les mettre à exécution en plaçant ses économies dans une entreprise quelconque ; il faut encore avoir la certitude que la société qui recevra nos fonds, pourra nous servir, à un moment donné, la pension ou les intérêts auxquels nous aurons droit d'après le montant de nos versements.

La plus sûre de ces sociétés est, sans contredit, la caisse nationale des retraites pour la vieillesse. Si elle ne fait pas miroiter aux yeux des travailleurs, à l'instar de certaines sociétés, des retraites ou des bénéfices allèchants, du moins, elle donne ce qu'elle promet, et les personnes qui lui confient leurs économies, ne seront pas obligées, après une existence de labeur et de privations, d'aller implorer de la charité publique un morceau de pain que leur aura ravi une société véreuse.

QUESTIONNAIRE

1. De quoi faut-il être certain en faisant le placement de nos économies ?
2. Quelle est la plus sûre des sociétés de prévoyance ?
3. Indiquez la chose que ne seront pas obligées de faire, à la fin de leurs jours, les personnes qui placent leurs économies à la caisse nationale des retraites pour la vieillesse.

CENT CINQUANTE-HUITIÈME LEÇON

Les Assurances et les Sociétés de secours mutuels.

C'est aussi faire acte de prévoyance que d'assurer sa maison, ses meubles, ses récoltes contre l'incendie. Moyennant le paiement d'une prime annuelle de quelques francs, nous sommes certains de ne pas être réduits à l'indigence, si le feu vient à dévorer la plus grande partie de notre avoir.

C'est encore faire acte de prévoyance, et de philanthropie en même temps, que d'être membre participant d'une société de secours mutuels qui nous viendra en aide, en cas de maladie, en acquittant à notre place la note du médecin et celle du pharmacien. La plupart de ces sociétés allouent encore pendant plusieurs mois, aux sociétaires malades, une indemnité journalière plus ou moins élevée qui leur permet de recevoir, sans bourse délier, les autres soins spéciaux réclamés par leur état.

QUESTIONNAIRE

1. Citez encore un autre acte de prévoyance.
2. Quels sont les avantages des assurances ?
3. Fait-on preuve seulement de prévoyance, en faisant partie d'une société de secours mutuels ?
4. Quel est le but de ces sociétés ?

CHAPITRE XII

Dieu et nos devoirs envers lui

CENT CINQUANTE-NEUVIÈME LEÇON

Dieu. — Preuves de son existence.

Tous les peuples ont conçu l'idée d'un Dieu qu'ils ont interprété à leur manière ; mais un si grand sujet est au-dessus du savoir humain et les termes mêmes que l'on est obligé d'employer pour le définir, en altèrent la véritable idée par la raison qu'ils manquent de propriété dans leur nouvel emploi.

L'existence de Dieu nous est révélée : par l'ordre admirable de l'Univers, par l'idée de causalité, par les preuves tirées de l'infini, de l'être parfait et de l'être nécessaire, que l'on peut tout juste énumérer dans un ouvrage aussi élémentaire que celui-ci ; enfin, par notre conscience. La science constate que tout ce qui est à sa raison d'être, et que l'ensemble de l'univers forme un tout harmonieux. Or, la nature n'étant pas le principe de l'ordre et l'homme n'étant pas le principe du bien, l'ordre et le bien ont une origine plus haute, qui est l'intelligence et la bonté de l'Etre suprême. La réunion de la puissance et de la bonté, s'appelle la perfection, et le nom véritable de l'Etre suprême est l'Etre parfait, en qui nous reconnaissons notre maître et notre père. A ces différents titres nous lui devons l'amour, le respect et l'obéissance.

QUESTIONNAIRE

1. L'idée d'un Dieu est-elle particulière à certains peuples ?
2. Par quoi l'existence de Dieu nous est-elle révélée ?
3. Qu'est-ce que la science constate ?
4. Quelle conclusion tire-t-on de cette constatation ?
5. Qu'est-ce qui constitue la perfection ?
6. Quel est le nom véritable de l'Etre suprême ?
7. Que devons-nous à Dieu, en tant que notre maître et notre père ?

CENT SOIXANTIÈME LEÇON

Les attributs de Dieu.

De la notion fondamentale de Dieu indéfini nous pouvons conclure, par une simple déduction logique, que Dieu est un, simple, incorporel, immuable, éternel, immense, souverainement puissant, infiniment intelligent et infiniment bon. « *Il est un, car on ne peut concevoir plusieurs êtres qui se limiteraient l'un à l'autre et par conséquent ne seraient pas infinis, Dieu est simple, parce que s'il était composé, il serait susceptible d'augmentation ou de diminution par l'adjonction ou le retranchement d'une ou plusieurs de ses parties. Or, ce qui peut être augmenté ou diminué, n'est pas parfait de sa nature.* »

Par la même raison, il est incorporel et immuable. Dieu est éternel parce qu'il a présidé à la création de la matière qui, autrement, serait éternelle comme lui. Dieu est immense, non, parce qu'il est lui-même infiniment étendu, mais présent, en tant qu'esprit, à toutes les parties de l'espace indéfini.

Il est souverainement puissant, par la même raison qu'il est infini. Il est infiniment intelligent, parce que, ne recevant de lumière de personne, il est la lumière même de laquelle il tient un autre attribut : la prescience. Enfin, Dieu est infiniment bon, parce qu'il est le dispensateur de tous les biens qu'il prodigue indinstinctement aux bons comme aux méchants.

QUESTIONNAIRE

1. Quels sont les attributs de Dieu ?
2. Pourquoi Dieu est-il un ? — simple ? — incorporel ? — immuable ? éternel ? — immense ? — souverainement puissant ? — infiniment intelligent ? et infiniment bon ?

CENT SOIXANTE-UNIÈME LEÇON

Nos devoirs envers Dieu.

Nos devoirs envers Dieu sont les mêmes que ceux de l'enfant envers ses parents ; en plus, notre vénération née du sentiment de notre humilité ; ce qui est le respect porté au plus haut degré. Dieu n'a nul besoin de nos souhaits pour sa grandeur qui est au comble, ni ne peut rien recevoir dans sa plénitude qui est l'infini. Donc, l'aimer, c'est vouloir sa volonté et reconnaître ses bienfaits. Le respecter, c'est l'adorer dans ses œuvres et vénérer son nom en ne le prononçant « jamais à la légère ». Enfin, lui obéir, c'est être juste, droit, bienfaisant ; c'est se sacrifier au bonheur d'autrui et ne laisser après soi que des exemples de vertu et un souvenir sans tache. C'est, en un mot, pratiquer scrupuleusement tous nos devoirs : la loi morale étant la loi de Dieu exprimée par la conscience.

Quant aux cérémonies du culte, elles ne sont que des signes extérieurs et corporels de ce culte tout intérieur qui est la conformité de notre volonté à celle de Dieu.

C'est par nos actes, surtout, que nous rendons à Dieu l'hommage qui lui est dû.

QUESTIONNAIRE

1. Quelle est la nature de nos devoirs envers Dieu ?

2. Pouvons-nous quelque chose pour sa grandeur ?
3. De quelle manière nous est-il possible de lui manifester notre amour ? — notre respect ? — notre obéissance ?
4. Quel est le caractère des cérémonies du culte ?
5. Par quoi rendons-nous à Dieu l'hommage qui lui est dû ?

CENT SOIXANTE-DEUXIÈME LEÇON

L'idée de la vie future et la confiance en Dieu.

L'homme est porté instinctivement à désirer l'immortalité ; ce désir, qui ne peut être confondu avec l'instinct de conservation, dérive de notre nature raisonnable. « *C'est une des formes du désir de perfection qui est en nous, une aspiration vers l'infini qui s'éveille en présence de tout ce qui peut en suggérer l'idée. C'est encore une espérance qui nous fait prendre en quelque sorte, dès cette vie, possession de l'avenir et qui augmente notre bonheur, tout en stimulant notre zèle à bien faire.* »

Si le coupable tremble, même quand il sait son crime à l'abri des poursuites des hommes, c'est qu'il a la conviction profonde, enracinée même dans les âmes les plus perverses, qu'une expiation est due, et que si elle n'a pas lieu dans cette vie, elle ne sera que plus terrible dans une vie à venir.

Pour ce qui est de la croyance en Dieu, elle adoucit les peines de la vie, inspire de la crainte aux méchants, entretient l'espérance dans le cœur des bons, fait régner la justice dans les codes et conserve le culte des bonnes mœurs. Elle est encore le sentiment qui mène le plus sûrement à la vertu, vers laquelle convergent toutes les leçons de morale.

QUESTIONNAIRE

1. Quel est le désir instinctif de l'homme ?
2. De quoi dérive ce désir ?
3. Définissez-le.
4. Pourquoi le coupable tremble-t-il, même quand il sait son crime à l'abri des poursuites des hommes ?
5. En quoi la croyance en Dieu est-elle nécessaire ?

TABLE DES MATIÈRES

CHAPITRE PREMIER.

Les principes.

CHAPITRE II

Devoirs de famille.

CHAPITRE III

Devoirs envers les animaux.

CHAPITRE IV

L'école.

CHAPITRE V

Devoirs sociaux.

CHAPITRE VI

Devoirs envers la Patrie.

CHAPITRE VII

Devoirs envers nous-mêmes.

CHAPITRE VIII

L'âme — Nos devoirs envers elle.

Devoirs relatifs à la volonté.

CHAPITRE IX

Devoirs envers le prochain.

CHAPITRE X

L'association — Ses avantages.

CHAPITRE XI

Les biens extérieurs.

CHAPITRE XII

Dieu et nos devoirs envers lui.

(FIN.)

www.ingramcontent.com/pod-product-compliance
Ingram Content Group UK Ltd.
Pitfield, Milton Keynes, MK11 3LW, UK
UKHW012028240726
13965UKWH00002B/646

9 782013 579780